中西交通史

中華書局

小引

二千年的中西交通史蹟，要在這五萬字的區區小册子中一一表露出來，其有遺漏和訛誤，自不待言．何況我對於這一門學問，還是初攻？我希望海內學者不吝指教，使能於再版時修正．

這本書的分量有限，所以只能分作幾個題目（Topics），於每一個題目中提示事蹟的梗概．因此，年代這一方面就不能不予以疎忽了．本書卷末另附有中西交通大事年表摘要，稍稍可以彌縫這一點的不足，但是也不能够詳盡．我的希望只是把這一本小書當作一個簡略的導言，或是指南，憑着這一個小小的指南，再進而窺探因中西交通而發生的更廣闊的世界．

因爲我的希望只有這樣大，所以開的參考書也是有限．我於每一章的後面加附注一條，粗粗舉出幾種可以補充本章的書籍，以備讀者有意作稍進一步的閱讀.書內不用小注:一方面可省篇幅,一方面也可以使讀者不感覺麻煩.至於附注所開書名以簡明而易得者爲限,參考書有中文可舉的總舉中文,中文以外,略舉英文書同日文書幾種,其他文字概從省略.

關於插圖方面所用的幾幅地圖,大都采自他書,不敢創作.所采的來源俱於插圖目錄中注明.

中西交通史在中國的史學上是一門新興的學問,現在國內究心於此的很不乏人.我希望我這一部百衲本的小書出版以後,能有更好的著作出現,一方面可以滿足讀書者的要求,一方面也可以使我有點長進.二十年二月

中西交通史目錄

插圖目錄

敘論

這一本小小的書，只想將中國同歐洲諸國在政治同文化方面初步的交通情形，作一鳥瞰的敘述。自然幾千年的史實，要用五萬字來提綱挈要，毫無遺漏，是辦不到的。我自己也覺得遺漏太多，如中俄的關係，就有不少的漏洞。所顧在大的方面能夠顧到，也算足了。

要說到二千年來的中西交通，可以先將中國的文化作一個鳥瞰。在整個的中國文化史上似乎可以分作幾個段落。先秦以前，中國所有的文化孕育發長，略告完成。近來雖有若干學者，主張中國在先秦以前，文化方面即受有西方的影響，但是證據還嫌薄弱。所以先秦以前總可說是中國固有文化發長時期。

秦漢以後，情形又變了。整個的中國同外族發生關係，一天密似一天，北族而外，就算西方的民族，尤其是印度的文化，同中國發生了不可解開的關係。漢以後張騫鑿空，發見西域這一大塊地方，紀元後不久，印度的佛教傳入中國。中國這時候在政治上日益崩壞，儒家文化不能維持，黃老之清淨無爲，因之浸淫於士大夫間。適從西域傳來的印度佛教，其組織的嚴密，同理想的境界之恢詭奇偉，比之黃老學說之簡單勝過遠甚，而大概又似乎不甚相遠。新來的佛教，就因此而萌生蘗長，根植東土了。

印度佛教思想之傳入中國，在中國文化史上成一整個的時期。但是就這一個時期而言，其中似乎又可分爲三個段落：漢魏六朝佛教的傳入，最初則與黃老，後又易爲老莊之說混合，或者可以說是夾雜。稍後一點，又趨重於淨土思想，只想超脫現實，別求樂土。到了唐朝，玄奘三藏「輕萬死以涉蔥河，重一言而之李苑」回國而後，正式建立眞正的佛教基礎，同時其他宗派風起雲湧，印度的佛教到此時才算是眞正傳入中國。宋朝的哲學突起新局，宋儒之學不論他是否能得儒家的眞傳，而在中國哲學史別幻異彩，那是無可疑的。可是仔細考察，宋儒之學實是儒釋兩家經過漢魏以至於唐的交盪互激，所發生出來的一種混合物，只要不是衛道的急先鋒，大約都會承認的。印度文明之傳入中國，到此時大約可算是造了極峯了。印度文明不僅在中國的哲學上發生了重大的影響，社會各方面如風俗、習慣、信仰都滲有印度文明的成分，化合滲透，無跡可循，與中國人的人生觀也已融而爲一。

然而中國文明印度化的結果，在中國的歷史上很發生一點障礙，激烈一點，也可以說是危害。自從印度文化傳入中國，中國人的向後思想日益增長，對於控制自然的努力，遠遜於前。中國的文化，從漢以後，創造的思想遠趕不及先秦，科學方面的發明同進展，一天一天的衰落：這種現象的養成，印度文化的傳入恐怕要負一大部分的責任呢！到了宋朝，是印度文化傳入中國以後最爲成熟的時期，同時也是中國民族趨於墮落的一個起點。在這個時候中國同西方的交通已大盛於前，而西方的文化也已突飛猛進，於是中國文化史上又突入

了一個新的分子，卽是西方文化的逐漸傳入

從元以後，西方——或者更確實一點說是歐洲——的文化逐漸向東方傳布，七百年來的中國，同西方的文化一天一天的接近，同印度的文化一天一天的離遠，直至今日，中國還在這個歷程中間，將來的結果如何，此時尚難預斷。不過西方文化的傳入中國，並不自元朝爲始，因爲歷史上的時代，並不是截然分開，而是互相交錯的。所以印度文化傳入中國的時候，西方同中國也就有了些微的交通，本書所要探尋的就是這一些些交通的痕蹟。

漢以來中國同羅馬帝國已彼此互相聞問，並已略有交通，希臘的文化也間接的傳了一點到中國來。唐朝威震西域，同西亞中亞的交通很盛，因而西方的宗教一時都傳到中國來了。長安一城爲第七世紀至第十世紀世界人種的博物院同宗教的陳列所。這些新來的火祆教摩尼教而外，還有一種景教，卽是基督教的別支。景教不能說是基督教的正宗，而仍不失基督教的精神，實可說是西洋文化中的一個小派。唐朝的景教也曾盛了好幾百年，後來雖然銷聲滅跡，仍然留有餘痕，到了元朝而有也里可溫教的發生。這卽是基督教的別名，其中有景教，也有其他派別的基督教。

到了元朝，中西交通之盛，爲以前所未有，西方歐洲諸國的人士聚集於和林以及大都者爲數不少。加以也里可溫教的存在和僧人約翰的傳述，於是羅馬教皇便想用宗教的力量來感化這獷悍的蒙古人，以求得一次意外的收穫。柏朗嘉賓諸人相繼東來，以臨這一望皆白的世界。同時馬哥孛羅諸人也就入仕元朝至十餘年。那時北京一隅，奉天主教的至幾萬人，漳泉一帶，都有教堂，也可算盛矣。不料突厥人中途興起，君士坦丁堡陷落，東羅馬帝國滅亡，中西交通的路途，也因之而一時中斷。

明以後，因爲西洋航海術的發達，中西的交通又復活了。於是歐洲諸國與中國的通商傳教都相繼而至。在這時候，中國文化史上又獲了一個小小的收穫，就是西學的傳入．自明隆萬以至清乾隆，二百年間，西洋的學術如曆算、哲理、火器等等在中國植了一點點基礎．二千年來的中西交通，都在若蒙若昧之中，元明以來，才得了一點清明的觀念．雖然因爲宗教上的固執，形勢一度惡化，但中西交通到了這一步，已一發而不可遏，雖有壯夫，莫之能挽．鴉片一戰，中國同西洋的勢力見了一個高低，中國再不能閉關自守了．這是一個劃分時代的戰爭．近百年來的中國，變動之急劇，眞是洋洋大觀，這又是一個時期，一直到現在，還是在這一個大潮流中回環激盪，未有了日．

本書的目的只在探尋中西交通初步的史實，略略著其梗概，所以即以鴉片戰爭爲全書的結末．近百年來中西交通的史實，應該別有一部中國近代維新史，才可以著其涯略，非此區區短篇所能盡了．

中西交通史

第一章　中國民族西來說

一說到中西交通，便不能不問中西交通究竟起於何時？這是一個尚待解決的問題：其中牽涉到中國民族和文化的起源，須要在考古學上、人類學上以及地質學上有足夠的新發見，方能對於中國民族和文化的起源問題，作一近似的決定。這幾種學問的探討，中國尚在萌芽，所得的材料，還不能用來下最後的結論。說到邃古，我們不能不取懷疑的態度。

討論中國民族和文化的起源，主張也有多種，其中與中西交通有關的是爲中國民族西來說。按之中國古書，也常常提到西方：一部穆天子傳就是說的周穆王西巡至崑崙會見西王母的事。逸周書王會解中來朝的各國，亦有渠搜、月氏、大夏等西方古國．這都在帕米爾高原和葱嶺左近，古書如若可靠，先秦以前，中國同西方便已有了交通的痕跡了．

此外再看先秦以前掌握中原的殷周兩大民族．據近人的研究，殷同周是兩個民族，文化也各自不同．殷民族似環居於今渤海灣一帶，爲一種文化，程度燦然可觀；周民族興起於西方汧渭之間，今山陝一帶，又是一種文化，而時次較後，程度較低．殷民族文化歷時既久，漸形老大，遂爲新起的周民族所滅．新興的周民族與殷的舊文化結合，乃別成爲一種新文化，——成周以後的文化．不過周民族雖然起自西部，是否卽爲從西方，遼遠的西方遷徙來的民族？成周以後的新文化，是否因爲這新來的民族，帶有西方的一種文化成分，與舊文化結合而後，別幻成異彩？先秦的文化中是否眞含有西方的成分，如巴比倫、希臘的文化在內？這都還不能決定．只是中國古代因爲東方同南方都是大海，北邊又有遼闊無垠的沙漠，只西方有路可通，於是對於西方的傳說同神話，也自然來得豐富了.

中國以往的載籍中對於西方既時有道及,而明末清初西洋同中國交通大盛以後,研究中國歷史的也一天盛似一天,論到中國民族同文化起源的也自不少,而以西來說爲最佔勢力.這些主張西來說的中間有一派人主張中國民族源出西方,與埃及同種,而爲埃及的殖民地.他們根據着象形文字、習慣、信仰輪迴、養黃牛、商業上反對外國人等事,以及新在埃及發見之中國磁器,西洋史上的古傳說諸項,斷定中國民族源出埃及.這一說起源最早,始於明清之際,一般耶穌會教士到中國以後.到了近來,經過精密的研究,埃及說已無人提及了.

西來說中又一派人主張中國民族源出巴比倫.以爲中國古代的百姓即是巴比倫的巴克族(Bak).這一族人移居中國以後,對於本國的舊習以及傳說,尚保存不少:如洪水傳說的存留,神農即巴比倫的薩貢(Sargon),倉頡即巴比倫的同基(Dungi)，黃帝即巴比倫的那洪特(Nakhunte)，皇古時代半人半魚的怪物以及文字起源，和吉凶避忌曆算等等，這一說可算是儼然有些相像了。一直到最近還有人如此主張，並從文字上多方羅織，以爲中國同巴比倫的文字很多相似的，必是出於一源的民族。

中國民族西來說之傳入中國，正在清朝末年，種族思想極盛的時候。一般士大夫痛恨滿清，不欲與同中國，在那裏極力找尋漢族與滿族不同的證據，忽然從日本輾轉得到中國民族源出巴比倫的一種說頭，大爲高興。於是如章太炎，如劉師培，如黃節這一輩人都大做其文章，追尋種源，思慕故國，在那裏欷歔感歎，不能自已。到了最近，中國對於西方學術認識的比較清楚，西方歷史也很知道，於是就有不少的人起來反對中國民族西來的一說。因爲主張中國民族出於巴比倫的如拉可伯里(Teren de Lacouperie)這一些人，所說神農即薩貢，黃帝即那洪特云云，其實薩貢那洪特俱是後來史家爲措詞方便，將很長的名詞截臏這樣的幾個字，並不是原來就是如此．此外洪水傳說，世界各地都有，這一定是遠古天地初闢始有人類時的一種傳說，也不足以爲同源之證．至於象形文字、吉凶避忌、曆算，則是原始民族觀察自然界的現象，只要環境大致相同，都可以生出同樣的結果．所以主張中國民族西來，單靠這一點證據，還是不夠的．

近十幾年來，中國的地質學同考古學也漸漸萌芽了．於是有仰韶文化的新發見，有辛店期等的分期，發見了新石器時代前後的中國文化，所得的陶器花紋，又多與西亞發見的陶器有相似處．雖不能即用以實證西來說，而西來說有復活之勢，卻是實事．最近並且有人發掘山東古城以圖證明古代中國文化是否受有西來的影響的．

總之要證明中國民族是否源自西方，一定要把地下的材料和紙上的文獻，充分地找出來，然後驗之制度、文物、古代文字、聲音、傳說，而皆合稽之地下新出各種材料而不悖，方可以作近似的決定。目前各種材料尚未完備，要決定中國民族的西來，以及邃古時代中國同西方的交通，爲時尚早。此刻我們也只好闕疑了。

參考書

東方雜誌第二十六卷第二號有何炳松先生的一篇中華民族起源之新神話，摘譯法國 Henri Cordier 的 Histoire Generale de Chine 一書，對於西人討論中國民族和文化起源諸說，列舉尚稱詳盡，可爲本章參考。

淸季至今中國學者論到中國民族來源的有蔣智由的中國人種考（上海華通書局有重印本），章太炎的序種姓（見訄書，又太炎文錄），劉師培的華夏篇（見國粹學報，又中國民族誌），黃節的黃史（見國粹學報一卷一號至四卷四號）。至友人繆君鳳林的中國民族西來辨（學衡第三十七期）則反對西來說者也。此外尚有羅羅的中華民族起源考（地學雜誌十二卷三號），章嶔的中華民族溯源論（地學雜誌七卷十號至八卷二號），朱希祖的文字學上之中國人種觀察（社會科學季刊一卷二號),又駁中國先有苗族後有漢族說(北大月刊一號),陳鍾凡的文字學上之中國人種起源考(國學叢刊一卷二號),屠孝實的漢族西來說考證(學藝二卷一號至二號)諸篇.關於殷周民族的有王國維先生的殷周制度論,見觀堂集林,於殷周制度之異,以及對於後來的影響,闡發頗盡.討論殷周爲兩個民族及其文化的不同和分佈者,有徐中舒君的從古書中推測之殷周民族,見國學論叢一卷一號,耒耜考見歷史語言研究所集刊第二本第一分.

關於仰韶文化等等同西方的關係,有瑞典人安特生的中華遠古之文化,和甘肅考古記,俱爲地質調查所的專刊.

民國十九年歷史語言研究所發掘山東龍山古譚子城,據李濟先生的談話,此次發掘的用意,一方面乃在考究中國文化是否受有西來的影響,發掘結果得陶器碎片八十餘箱尚未整理研究,結果如何,不得而知.

問題

一 中西交通的源始與中國民族起源說有何關係?

二　何謂中國民族西來說？倡之者何人？此說能否成立？

三　此說近又有復興之勢，其根據相同否？

第二章　古代中西交通梗概

中國民族和文化源出西方，現待新證據來證明或否定的太多，我們只好闕疑。要討尋中西交通的史蹟，且把這民族同文化的起源擱置不論，再往下一考先秦的情形。

上面說及穆天子傳和逸周書兩部書。古本竹書紀年也曾說到穆王北征，西征犬戎，西征崑崙邱，見西王母，西王母來見，以及東征、南征等事。竹書紀年中的紀事，本已不十分可靠，而穆天子傳大約又是根據紀年中的這些話加以擴大，成了這樣一部書。有人以爲穆王眞的到過波斯，而西王母乃是古波斯的女王；有人以爲穆王所到的不過在今新疆莎車左右。逸周書中的渠搜、大夏、月氏都是漢以後西域的國名。先秦舊籍如管子書中也曾提到大夏，這大約都是漢朝人所加上去的，所以先秦時代同西域諸國交通的那些文獻上的證據，如沒有地下的材料爲之輔佐，要用作討論的根據時恐怕還是不能不加以愼重.

不過在這先秦兩漢的時候，中西的交通據說也有許多痕跡可尋.在西元前第四世紀，西方的希臘正是亞歷山大大王(Alexander The Great)在位.大王雄材大略，抱着席捲六合的雄心，征服了波斯以後，便提軍東邁，進討印度，摩竭陀諸邦望風而靡.後來大王因爲國內起了變動，趕緊歸國，以致征服東方的理想，不能實現，同我們中國也沒有接觸.可是自印度西北往西以至於波斯一帶，希臘人沿途建築城邑，設立國家，如中國史上的大夏(Bactria)就是希臘人所建諸國之一.在西元前第四、第三諸世紀，中亞以西以至西方，一時交通大開，往來甚盛.比之後來同元朝成吉斯汗的西征，正是後先輝映.

同時中國也正當戰國羣雄紛起，秦霸西戎的時候.中國的絲綢，此時也已名聞遐邇.因此印度在最古的摩奴法典(Laws of Manu)和摩訶婆羅多大史詩(Mahabharat)中便有了支那（China）的名稱，而希臘古書中也時時提到東方一國出產絲綢，名曰賽里斯(Serice)。支那一名傳到西方，轉爲 Sin 同 Thin，又轉爲 Siæ 同 Thinæ。又以爲 Thinæ 乃是國名，而 Sinæ 乃是的首都。賽里斯國的人民則稱爲賽勒斯人(Seres)，首都則稱爲賽拉(Sera)。支那一名大約卽是從秦國的秦字得聲，而賽里斯乃是絲國之意。支那同賽里斯兩名都傳入希臘，希臘人分辨不淸，以爲實是兩國，賽里斯在北而支那在南。

希臘人之知有支那，最早在西元前第五、第四世紀。自此以到西元後第二、第三世紀，希臘人同羅馬人的書中還時時提到；並有人以爲自己曾經到過。在中國這一方面，正是一樣。漢武帝開通西域，張騫奉使大宛，於是中國人對於西方今中亞細亞一帶的知識，方算確有可據。從此以後，中國書上也時常見到大秦的名稱了。

當張騫出使西域時，張騫冒着萬險前去，中途爲匈奴所捉，後來竟設法到了西域大宛，由大宛經康居以至月氏。大宛即今俄屬土耳其斯坦的 Ferglana，康居即撒馬爾干 (Samarkand) 月氏那時擊臣大夏都嬀水北建王廷，國境乖有今布哈爾 (Bokhara) 同阿富汗的地方，嬀水就是現今的阿母河 (Amur R.) 張騫從月氏至大夏，留歲餘，得不到甚麼要領，只好歸國。歸國時復爲匈奴所得，又留歲餘，乘匈奴內亂，始亡歸漢。這一次張騫的使命雖未達到，而身所至者大宛、大月氏、大夏、康居，又傳聞其旁大國五六。傳聞諸國中遠在西方的有安息，有條枝，有黎軒，安息即古波斯，條枝在今敍利亞(Syria)地方，黎軒，後來作犂軒，據近人的考證，以爲即是埃及的亞歷山大里亞城 (Alexandria)。張騫自己雖未曾到過條枝和黎軒等遠西諸國，元朔六年（西元前一二三年）封騫爲博望侯，於是遂派遣副使使西域諸國，頗與其人俱來。騫死以後，又曾發使抵安息、奄蔡、黎軒、條枝、身毒。那時黎軒的善眩人也曾獻入漢朝。這都是漢武帝前後時候的事。中國對於西域的知識已到俄屬土耳其斯坦，裏海同黑海中間的地方（奄蔡見史記大宛列傳，係張騫在西域得之傳聞，後又曾遣使相通的），以及古波斯、叙利亞諸處，並且知道非洲北岸的亞歷山大里亞城。當時遣使究到何處，現不甚可考，大約後漢時所謂大秦，在前漢時還不知道，也不曾到過。這是陸道一方面的情形。水道則自武帝平定南方，設置珠崖、儋耳諸郡，大都在今廣東一帶，地瀕南海。那時設有譯長，屬黃門，並曾遣使往訪海南，都元國、邑盧沒國、諶離國、夫甘都盧國、黃支國、皮宗國、已程不國諸國，市明珠璧流離奇石異物。其中的國家，只黃支一國確知道是印度東岸的 Kanchipura，即後來唐朝玄奘三藏所記的建志補羅國。所以在前漢的時候，水道同西方的交通，大約以印度爲最遠了。那時在陸路上綰轂中西交通的要算敦煌，而在水道上爲中外通商的總口岸的則是徐聞合浦，即今廣東海康合浦二縣之地。

到了後漢，情形又不同了。中國經王莽之亂，整理未遑，無暇旁騖，於是匈奴復霸西域，歛稅重刻，諸國不堪命。後來匈奴一弱，山車王賢攻滅諸國，賢死之後，西域又大亂。到了明帝的時候，中國已經休養生息，永元間北征匈奴以後，遂又重通西域，設置西域都護。到了班超平定西域，爲都護，西域「五十餘國悉納質內屬，其條支、安息諸國，至於海瀕四萬里外，皆重譯貢獻」在這時候張騫所傳聞的黎軒已知道是大秦國了。（這正同魏晉以降，中國高僧大德到印度麴多王朝的國中去，以國都的名名其國，稱之爲華氏國是一樣。）永元九年（西元後九七年）班超仰慕這極西大秦的富庶，要與之通使，因命甘英遍歷西域諸國，至安息、條支，欲從條支渡海到大秦去。

那時中國同西亞波斯一帶已交通甚盛。在西元前後兩世紀時，安息的國勢很强，西亞諸國，大概都爲其臣屬。中國同西方交往通商，絲綢一項尤其是西方國家所最欣慕的，而當時的安息就壟斷了這項貿易。安息既然獨佔了中國的絲綢貿易，於是凡有西方國家要同中國通商往來，安息即橫亘中途，遮斷雙方的交通。永元九年班超使部將甘英從條支渡海往大秦，其時條支爲安息的屬國，安息爲着自己貿易起見，當然不許中國同遠西的大秦有直接的交通，所以甘英到條支，臨大海欲渡，而安息西界船人謂英曰「海水廣大，往來者逢善風，三月乃得度，若遇遲風亦有二歲者。故入海人皆齎三歲糧。海中善使人思土戀慕，數有死亡者。」英聞之乃止。大秦想同中國通使，也爲安息所遮，兩國東西遙遙相聞，而在西元後幾十年間竟不能直接交通。

張騫通西域時所知道的黎軒，後來的犂軒、烏遲散，以及班超時的大秦，與夫唐代的拂菻，大概都指羅馬講。黎軒、犂軒、烏遲散，大約卽是埃及的亞歷山大里亞，古書所謂阿荔散國者卽是。至於何以稱羅馬東徼爲大秦，解釋者紛紜其說，日本藤田豐八以爲米索不達米亞的底格里斯河和幼發拉底河之間一片腴壤，漢時稱爲 Daksina，傳入中國，遂以其地代表羅馬東徼全部，而譯其國名爲大秦了。這一說與實際大約還相去不遠。

在西元初，中國同號稱大秦的羅馬雖未得直接交通，但是大秦國常與安息、天竺人交市海中（同印度的交通也很頻繁），自然容易從海道與中國相通．到了漢桓帝延熹九年（西元後一六六年），中國史書紀載這一年有大秦王安敦遣使自日南徼外獻象牙、犀角、瑇瑁．所謂安敦，據說即是羅馬皇帝 Marcus Aurelius Antoninus (121—180 A. D.) 當西元一六二年到一六五年 Antoninus 的部將 Avidius Cassius 率軍征安息，奠定小亞細亞一帶．中國史書上的安敦大約卽是此時的事．近人以爲此次安敦遣使乃是敍利亞的羅馬商人經商安息、天竺海上，在交州弄了一些土產，假借大秦王的名義謀與中國通商．中國與西方的羅馬屬國從海道直接交通，始於此時．後來到孫權的黃武五年（西元二二六年）又有一位大秦商人名叫秦倫的來到交趾，交趾太守遣送詣權，其後秦倫復返本國．大秦同中國在海道之相通，這要算是第二次了．晉武帝太康時又遣使貢獻一次，大約也是取的海道．按西元二八三年羅馬皇帝 Carus 又攻有安息，這一次的使臣或者就是他所遣來的呢．

自張騫通西域以後，中國便已知道西方有極爲富饒的大秦。大秦別名黎軒、犂軒，所指地域似因時不同，不過總不能出羅馬東徼的屬地，今地中海東岸的小亞細亞和埃及的北部一帶，古羅馬都護所護之地，中國書上的安都即是 Antioch 的古譯。

中國同羅馬的交通大致無疑。唐時杜環隨高仙芝西征大食，兵敗被虜，到阿拉伯波斯親聞大秦國在苫國西數千里，苫國即今敘利亞。而那時中國人流寓大食的，杜環所見有漢匠作畫者京兆人樊淑、劉泚，織絡者河東人樂隱、呂禮。

漢以來中國同羅馬帝國的交通，始終在若明若昧之中。不過中國同西方在文化上的交通，也有可以數說的。有人說中國先秦的天文學卽傳自希臘及巴比倫。這一說確否，還待深究，不過在西元前第六世紀時，中國正是春秋戰國百家爭鳴，印度則教學繁興，希臘亦學術大盛，東海西海，同時並興，這也是值得注意的一件大事。到了漢朝，中國的絲綢，確已傳入羅馬，而羅馬的琉璃，也已傳到中國，所以漢朝女人的耳珥有用玻璃爲之者。匈奴人的遺物中有許多圖案，也頗與希臘所有者相似。漢魏六朝時代的海馬葡萄鏡，乃是受西方影響的作品。

此外在美術方面，中國也曾間接地受了希臘的影響。希臘在西元前第四世紀時亞歷山大東征之後，於印度的西北方建了不少的希臘小國。到西元後一二世紀之間，印度的佛教起了一次大變化，馬鳴、龍樹諸人所倡的大乘佛教即完成於此時，同時佛教美術中的犍陀羅派也乘之興起。犍陀羅派的佛教美術，全是受的希臘影響，於是佛的影像，竟有如希臘的阿波羅像一樣的了。印度的佛教美術在魏晉的時候入中國。至今新疆一帶考古發見的佛像，還有不少是帶有希臘風的犍陀羅式作品；雖然自犍陀羅東行，沿途受印歐民族的影響，不無蛻變，但是大致還可以看得出來。從新疆再往東，中國本部各處的佛像彫刻也約略可見一二。就是希臘式的柱頭，在六朝時候，也間或采用。

漢魏六朝，中國同西域的交通既然興了起來，中國同羅馬帝國東徼通商，希臘式的美術傳入中國，羅馬帝國製的東西以及貨幣，中國也有得看見。不僅此也，就連羅馬的傳說也間有傳到中國的。如梁四公記所說的大秦國西深坑產寶，以肉投之，鳥銜寶出的故事，原是羅馬的一種傳說，由羅馬傳到西亞，由西亞傳到印度，由印度又傳到中國。雖然與原來的傳說已有許多不同，可是原來的型式，尚可以看見。舉此一端，可見那時兩國交通之概略了。

參考書

關於中西交通的書籍，最近張星烺先生有中西交通史料匯篇之輯，皆是翻譯西洋以及蒐集中國方面的原料而成此書，最便於不識西文的人的參考，特別是第二冊專收的是中國同歐洲的交通。

西文書中專考大秦的有德國人夏德(F.Hirth)著的大秦國全錄（China and the Ruman Orient）一書，可供參考。

討論中國同希臘的尚不見專書，而談中國天文和希臘的天文的，日本飯島忠夫有支那古代史論一書，有人譯漢，尚未出版，科學第十二卷有他的東洋天文學大綱一篇譯文，可見一斑。又近來時常有人提到張騫從西域帶回的葡萄等等植物，以爲葡萄卽是希臘字的譯音，此說不確。美國B. Laufer著的 Sino-Iranica 一書中葡萄考一文詳細討論此事，本書作者曾譯登十八年的自然界，也可以看看。

先秦兩漢，中國的文化中，發見有不少的西來成分，或者說與西方相似的成分，如：甲冑、銅器花紋、殉葬一類的風俗等等。關於這一方面的研究，最近始逐漸爲人注意，我這本小書裏不能細說。讀者如有意研究，可看：（一）B. Laufer: Chinese Clay Figures. 1914（二）Gregory Borovka Scythian Art. 1928 以及（三）M. Rostovtzeff: the Aninal Style in South Russia and China. 1929 三書。

問題

一　先秦西漢時關於中西交通的史實，中西古代記載中有無可以會通之處？試略舉一二例證明之。

二　中國在西漢時關於的西方的知識大約在今何地？

三　中國在西漢同西方水陸交通要道，約當今何地？

四　後漢時中西交通的情形比之西漢怎樣？

五　當時東西兩大帝國——中國同羅馬——所以不能早日直接交通，有何國在作梗？　何時始直接交通。

六　自兩漢至魏晉六朝中西交通情形如何？　中國文化有無受西方文化影響？

第三章　景教與也里可溫教

漢唐間中國同西方的羅馬帝國以及小亞細亞一帶已有交通，大約是可以確定的．到了唐朝太宗天縱神武，經營八表，其於西域，聲威所及，遠邁漢武而

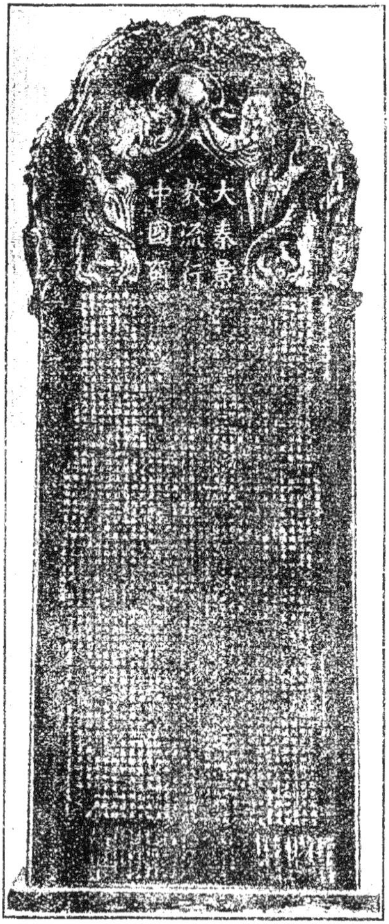

上之。所有的羈縻州是否實力都曾達到，固然難說，可是中亞一帶之爲唐人武力所及，並曾至於裏海沿岸，這是無可疑的。那時長安一城眞是萬國之所宗仰：外國胡人流寓其間的往往達四五千人，而唐朝達官建築園亭也有采用西亞形式者。揚州廣州一帶番胡麕集，廣州尤其是中外海上交通的門戶，唐宋以後，外國人都稱之爲廣府，阿拉伯商人則稱之爲新卡蘭（Sinkalan），卽大中國之意也。廣州之興不始於唐，六朝以來，卽成爲外商到中國的碼頭，做官做到廣州刺史，算是最爲運氣，單從廣州城門洞過一個身，便可有三千萬；這雖是一種誇大的民間傳說，可是背後的情形也可想而知了。到了唐朝，廣州貿易更爲興盛，於是大盛於宋朝的市舶，也於唐的中葉開始在廣州設立起來。

太宗爲人不僅能經營八表，並且能兼容並蓄，對於各種宗教，俱能容納，無所歧視。雖然道教有成爲國教的形勢，然而佛教也是信奉。佛教史上的偉人玄奘遊學五印，歸國以後，卽受着太宗的供養，譯經說教。因此，中國佛教到了唐朝才脫離以前囫圇吞棗的世界，而另創各種新宗，煥成異彩。同時對於西域的各種新宗教也一視同仁，一律優待，於是摩尼教、火祆教都傳入中國。唐朝的都城長安，一時成了世界上各種民族的博物院，各種宗教的陳列所。摩尼教、火祆教的寺院也在長安建立了。而同摩尼、火祆兩教先後傳入中國的，尚有景教。景教就是基督教的一派，這一派的傳入同後來許多西洋人之來中國，都有關係，即說後來西洋人之到中國，以唐朝的景教徒為其先導，亦無不可。

景教發源於第五世紀敍利亞人安都主教聶思托留（Nestorius, Bishop of Antioch）。聶氏於西元四二八年為君士坦丁堡大主教，因主張「耶穌之天主性與其人性未嘗合成一位，不過附屬於其人性，故聖母瑪利亞所生祇是一位純人，既為純人之母，則不可謂為天主之母」，為那時基督教正宗所斥為異端。於是聶思托留一派在西方不能托身，因而間關東去，傳播教義於中亞一帶。於唐太宗貞觀九年（西元六三五年）聶思托留派教士敍利亞人（那時稱爲大秦國人）阿羅本(Alopen)偕同志數人首來中國傳教。聶思托留派基督教到中國以後，遂名爲景教。景教在唐朝傳行的情狀，有唐德宗建中二年（西元後七八一年）大秦寺僧景淨的大秦景教流行中國碑頌（明末在陝西出土）很可以見出大概。

據碑上說：阿羅本偕同志首來中國，初到長安。太宗命房玄齡出郊賓迎，居之大內。既命翻經，又殷殷垂詢教理，深知眞正，乃出諭表章，准令建堂傳授。迨高宗繼位，對於景教，尊崇有加，勅令諸州，各建教堂。遂得法流十道，寺滿百城。聖歷時武后臨朝，景教不爲所容，幾遭滅絕。其時景教主教爲羅含，同其他奉教的官員竭力維持，才得轉危爲安。以後至於德宗，俱蒙國君予以善視。碑中又言及郭子儀同景教僧伊斯友善。郭子儀大約也是景教信徒之一，所以他的一位公子竟然取名穆護；穆護譯言博士，有師傳之義，乃當時景教教士之通稱。

景教傳入中國，在太宗貞觀時。長安很有幾處景教教堂，在貞觀的時候，這種景教教堂稱之爲波斯寺，長安的義寧坊、十字街和醴泉坊都有景寺。到了天寶以後，改波斯寺爲大秦寺。武宗毀佛，景教也連帶累及，勅令歸俗的大秦穆護祆（卽景教徒），達二千人，也可算盛了。就是那時的士大夫中也可以看出一點景教的影響來，如李太白的康老胡雛歌，據近人的考證，其中就含有不少的基督教的成分。

景教碑中的景淨，教名爲Adam，是那時中國景教的主教。據西書，在西元第九世紀的初年，中國的景教主教是一位大衞(David Metropolitan of Bêth Sinâyê)大約卽是接景淨的任的。景教雖然遭了武宗之禍，但是一直到唐末，還未全然絕跡。第九世後半期，有一位阿拉伯人伊賓瓦哈布(Ibn wahab)遊歷東方，到過中國，並說曾至長安，晉謁皇帝，皇帝給他看了一些畫像，其中一幀是耶穌騎驢和諸門徒回耶露撒冷的像，皇帝對於耶穌的事蹟，知道得很爲淸楚。這一說大約不甚可靠。其中又有一位阿拉伯人阿布賽德(Abu Zaid)遊歷各處，曾至廣州，其時正值黃巢造反，攻破廣州，阿布賽德目見這一次的悲劇．據他說廣州爲黃巢所殺的回回、猶太以及基督教徒卽有十二萬人之多，眞是一個駭人的數目．這一說的反面也可以看出景教在那時還並沒有全衰．到第十世紀的末年，約在宋太宗時，報達教主眷念中國教務，派人往查，則已教堂毀廢，教友星散，大約是已經絕蹟了．

唐朝的景教就是這樣隱隱約約的渡了過去．到了明末發見了大秦景教流行中國碑，才知道唐朝還有這樣一種宗教．當時因爲沒有其他的證據，對於景教　懷疑的很是不少．清朝光緒末年，英國斯坦因（M. A. Stein）和法國的伯希和（Prof. P. Pelliot）先後在敦煌得了不少的古卷子，其中就有唐朝的景教經典，如景教三威蒙度贊、玄元志本經、志玄安樂經、一神論、序聽迷詩所經，才證實景教碑的可靠．三威蒙度贊後面並還附了一篇書目，那時譯了出來的景教經典有三十五種，合之敦煌發見而爲蒙度贊所未載的，總在四十種之譜．

不過那時候的佛教勢力太大了，景教徒中既沒有深通漢文的人，所譯的經典以及術語，大都模倣佛經；加以政治上的壓迫，所以歸根竟不能有所發展。

發源於羅馬帝國的景教傳入中國，到第八世紀以後，就不大爲中國人士所知。然據外人記載，到第九世紀中國還有不少的景教徒在中國流行二百多年，對於中國的思想界到底發生了影響沒有？前舉的郭子儀之子名穆護以及李白的康老胡雛歌，可算是一斑了。而據李提摩太（Richard Timothy）的意見，大秦景教流行中國頌碑的書家是呂秀巖，這位呂秀巖即後來金丹教祖的純陽祖師呂巖洞賓者便是，日本佐伯好郎也以爲然，此說自然尙須加以考證，不過即就李白而言，景教的學說入於文人之心中，那是確然無疑的。

第十世紀報達主教派人東來考查，以爲中國的基督教已近絕迹，廢然而反。但是據近來的發見，景教或其他的基督教派在宋元之間遼金時候還是有痕跡可尋，不過蹤跡以在北方爲多。關外蒙古以及河北北境近來時時發見石十字碑，與西洋第八、第九世紀時物同。涿縣琉璃河左近山中又發見古十字寺，寺中有十字碑，十字四角並有敍利亞文字，義作仰望此依靠此。據云：十字寺原爲晉唐遺蹟，經過遼代營建，到元順帝時加以重修。這也是景教的遺物。在元朝景教也很盛。元至元時，鎭江有大興國寺，係本路副達魯花赤薛里吉思建。這位薛里吉思姓馬，卽是一位景教教徒，大興國寺卽是一所大景教教堂。鎭江於大興國寺以外，還別有一所景教教堂。馬薛里吉思連這大興國寺一共建了七所。元世祖時意大利人馬哥孛羅(Morco Polo)歷遊中國，曾見鎭江的景教教堂兩所，杭州的景教教堂一所。杭州的大約卽是薛里吉思所建的大普興寺。據馬哥歷遊各處所見，那時的疏勒、莎車、唐古忒地方，甘肅的涼州，雲南的昆明，以及長江一帶的鎭江、杭州各處都有景教徒的蹤跡。依理猜度，大約景教經過唐朝政治上的壓迫，中原一帶，或是衰微，而黃河以北以迄於土耳其斯坦等地，則仍然流行不歇也。到了元朝入主中原，西域的色目人種因而縱橫中國各處，於是黃河以南，長江沿岸至於雲南邊緣之處，景教又重興起來了。僅僅鎮江一隅，信教的卽達萬數，其盛可想而知。

據西史所載，宋時西域哈喇契丹國通國奉基督教。其國王鐸德若望與西洋奉教諸國驛使相通往來不絕；並且曾打算與西洋的十字軍聯絡，以攻回回教人。哈喇契丹卽中國書上的西遼，其所奉的基督教乃是景教一派，而西洋史上的哈喇契丹鐸德若望卽是西遼末帝直魯古至於西遼之奉景教，乃在德宗西遷以前，當十一世紀的初年。元朝的耶律楚材卽爲遼裔，據說也是基督教世家，大約所奉的也是景教了。

不過元朝初年的基督教，並不止於景教一派，尚夾有他派在內，而元朝人則不加分別，總稱之爲也里可溫。也里可溫時常與僧道並列，到後來居然躋於僧道之上；政府並專設一崇福司管也里可溫，與宣政院管僧，集賢院管道，成鼎足之勢。奉也里可溫者人數之多，卽就至順鎭江志而言，也已可觀了。那時的也里可溫教徒也如現在的基督教徒一樣，散處四民之中，娶妻生子，做生意買賣，當兵納稅，與常人無異。今新疆、甘肅、陝西、河北、河南、山東、江南、雲南、福建諸省，當時都有也里可溫教徒散布其間。政府所設專管也里可溫的崇福司，秩二品，官階在管佛教的宣政院下，管道教的集賢院上。也里可溫軍籍、徭役、租稅都陸續蠲免，國家之尊視也里可溫，於此可見。

那時奉也里可溫的不止齊民，皇室奉教的有世祖之母別吉太后，太宗皇后脫列哥那，高唐王闊里吉思一族。大臣奉教的有耶律楚材，文人奉教的有馬祖常一家。元世祖時又有西域弗林人愛薛，擢祕書監，領崇福使，授平章政事，封秦國公。這位愛薛，馬哥孛羅入仕元朝時也曾見過。馬哥遊記作赫西亞（Hessiah），即是愛薛的原音。據馬哥說，愛薛乃是羅馬天主教徒。馬哥遊記並記世祖命其通使教皇，請教皇派遣道行高深之教士百人來華，並取耶路撒冷聖墓前長明燈聖油事。元史上也曾載有，世祖至元十九年（一二八二年）楊廷璧招撫海外南番，抵俱藍國，也里可溫主遣使進七寶項牌及藥物之事，大約卽是指的馬哥遊記中所述者而言.

至於元朝天主教傳行的概況，詳見於下面馬哥孛羅諸人之東來一章.大秦景教流行中國碑頌是西洋文明正式蒞臨中國的第一篇重要文獻，今爲附錄於本章之後，以見梗概.

大秦景教流行中國碑

景教流行中國碑頌 并序

大秦寺僧景淨述

粤若常然眞寂，先先而無元，窅然靈虛，後後而妙有.總玄樞而造化，妙衆聖以元尊者，其唯我三一妙身，無元眞主阿羅訶歟.判十字以定四方，鼓元風而生二氣，暗空易而天地開，日月運而晝夜作.匠成萬物，然立初人，別賜良和，令鎭化海.渾元之性，虛而不盈，素蕩之心，本無希嗜.洎乎娑殫施妄，鈿飾純精，間平大於此是之中，隟冥同於彼非之內.是以三百六十五種，肩隨結轍，競織沙羅。或指物以託宗，或空有以淪二，或禱祀以邀福，或伐善以矯人，智慮營營，恩情役役，茫然無得，煎迫轉燒，積昧亡途，久迷休復。於是我三一分身，景尊彌施訶，戢隱眞威，同人出代。神天宣慶，室女誕聖於大秦，景宿告祥，波斯覩耀以來貢。圓廿四聖有說之舊法，理家國於大猷；設三一淨風無言之新教，陶良用於正信。制八境之度，鍊塵成眞；啓三常之門，開生滅死。懸景日以破暗府，魔妄於是乎悉摧；棹慈航以登明宮，含靈於是乎旣濟。能事旣畢，亭午昇眞。經留廿七部，張元化以發靈關，法浴水風，滌浮華而潔虛白，印持十字，融四炤以合無拘。擊木震仁惠之音，東禮趣生榮之路。存鬚所以有外行，削頂所以無內情。不畜臧獲，均貴賤於人；不聚貨財，示罄遺於我。齋以伏識而成，戒以靜愼爲固。七時禮讚，大庇存亡；七日一薦，洗心反素。眞常之道，妙而難名，功用昭彰，強名景教。惟道非聖不弘，聖非道不大，道聖符契，天下文明。太宗文皇帝光華啓運，明聖臨人。大秦國有上德曰阿羅本，占青雲而載眞經，望風律以馳艱險；貞觀九祀至於長安。帝使宰臣房公玄齡總使西郊，賓迎入內。翻經書殿，問道禁闈，深知眞正，特令傳授。貞觀十有二年秋七月詔曰：道無常名，聖無常體，隨方設敎，密濟羣生。大秦國大德阿羅本遠將經像，來獻上京。詳其敎旨，玄妙無爲，觀其元宗，生成立要。詞無繁說，理有忘筌。濟物利人，宜行天下。所司即於京義寧坊造大秦寺一所，度僧廿一人。宗周德喪，青駕西昇；巨唐道光，景風東扇。旋令有司將帝寫眞，轉摹寺壁。天姿汎彩，英朗景門，聖迹騰祥，永輝法界。按西域圖記及漢魏史策：大秦國南統珊瑚之海，北極衆寶之山，西望仙境花林，東接長風弱水。其土出火浣布、返魂香、明月珠、夜光壁。俗無寇盜，人有樂康。法非景不行，主非德不立。土宇廣闊，文物昌明。高宗大帝克恭纘祖，潤色眞宗，而於諸州各置景寺，仍崇阿羅本爲鎭國大法主。法流十道，國富元休，寺滿百城，家殷景福。聖歷年，釋子用壯，騰口於東周；先天末，下士大笑，訕謗於西鎬。有若僧首羅含，大德及烈，並金方貴緒，物外高僧，共振玄網，俱維絕紐．玄宗至道皇帝，令寧國等五王，親臨福宇，建立壇場．法棟暫橈而更崇，道石時傾而覆正．天寶初令大將軍高力士送五聖寫眞寺內安置．賜絹百匹，奉慶睿圖．龍髯雖遠，弓劍可攀，日角舒光，天顏咫尺．三載大秦國有僧佶和瞻星向化，望日朝尊．詔僧羅含僧普倫等一十七人，與大德佶和於興慶宮修功德．於是天題寺牓，額戴龍書．寶裝璀翠，灼爍丹霞，睿札宏空，騰凌皦日．寵賚比南山峻極，沛澤與東海齊深．道無不可，所可可名；聖無不作，所作可述．肅宗文明皇帝於靈武等五郡重立景寺．元善資而福祚開，大慶臨而皇業建．代宗文武皇帝恢張聖運，從事無爲．每於降誕之辰，錫天香以告成功，頒御饌以光景衆．且乾以美利，故能庶生，聖以體元，故能亭毒．我建中聖神文武皇帝披八政以黜陟幽明，闡九疇以維新景命．化通玄理，祝無愧心．至於方大而虛，專靜而恕，廣慈救衆苦，善貸被羣生者，我修行之大猷，汲引之階漸也．若使風雨時，天下靜，人能理，物能清，存能昌，歿能樂，念生響應，情發目誠者，我景力能事之功用也．大施主金紫光祿大夫同朔方節度副使試殿中監，賜紫袈裟僧伊斯，和而好惠，聞道勤行，遠自王舍之城，聿來中夏；術高三代，藝博十全；始效節於丹廷，乃策名於王帳．中書令汾陽郡王郭公子儀初惣戎於朔方也，肅宗俾之從邁．雖見親於臥內，不自異於行間．爲公爪牙，作軍耳目．能散祿賜，不積於家，獻臨恩之頗黎，布辭憩之金罽．或仍其舊寺，或重廣法堂，崇飾廊宇，如翬斯飛．更效景門，依仁施利．每歲集四寺僧徒虔事精供，備諸五旬：餧者來而飰之，寒者來而衣之，病者療而起之，死者葬而安之．清節達娑，未聞斯美，白衣景士，今見其人．願刻洪碑，以揚休烈．詞曰：

眞主元元，湛寂常然．權輿匠化，起地立天．分身出代，救度無邊，日昇暗滅．咸證眞玄。赫赫文皇．道冠前王，乘時撥亂，乾廓坤張．明明景教．言歸我唐，翻經建寺，存歿舟航．百福偕作，萬邦之康．高宗纂祖，更築精宇．和宮敞朗，遍滿中土.眞道宣明,式封法主.人有樂康,物無災苦.玄宗啓聖,克修眞正,御牓揚輝,天書蔚映.皇圖璀璨,率土高敬.庶績咸熙,人賴其慶.肅宗來復,天威引駕.聖日舒晶,祥風掃夜.祚歸皇室,祓氛永謝.止沸定塵,造我區夏.代宗孝義,德合天地.開貸生成,物資美利.香以報功,仁以作施.暘谷來威,月窟畢萃.建中統極,聿修明德.武肅四溟,文淸萬域.燭臨人隱,鏡觀物色.六合昭蘇,百蠻取則.道惟廣兮應惟密,强名言兮演三一.主能作兮臣能述,建豐碑兮頌元吉.

大唐建中二年歲在作噩太簇月七日,大耀森文日建立,時法主僧寧恕知東方之景衆也.

朝議郎前行臺州司士參軍呂秀巖書.

參考書

關於唐代景教,中外學者所著的書籍甚多.中國方面可看而易於求得的有明耶穌會士西洋人陽瑪諾所著景教碑頌正詮,爲中國論述景教最早的一部書.此外最近馮承鈞氏有景教傳行中國考

(商務出版)一書，綜合中外學者的研究，極便參考。

關於元朝也里可溫的，以陳垣氏所著元也里可溫考為最詳盡。元也里可溫考有兩種，一是民國十七年北京輔仁大學印本，一是上海商務印書館的東方文庫本。

西文書中今只舉英文書三種。專論景教碑的要算日本人佐伯好郎(P. Yoshio Saeki)著的景教碑文研究(The Nestorian Monument in China 1916)一書為最好，卷前有一長敘，於景教碑之發見，各家之研究，景教傳布之歷史敘述很詳。碑文亦一一加以考證，碑上尚有敍利亞文景教徒名，也都為之注出。泛論元以前的中國基督教，而采集史料最多的，則以新出 A. C. Moule 著的 Christians in China before the Year 1550-1730為第一，全書俱將原料譯出，另於頁下加以註解，最便參考。至於美國 Prof. Latourette 所著的中國基督教佈道史(History of Christian Mission in China, 1729)一書，也不失為詳盡之作，不過所述詳今而略古。

至於中文的泛論基督教傳入中國而可以考見唐元兩代基督教狀況者，最詳要推獻縣天主教堂出版的聖教史略。蕭司鐸曾將史略加以刪節，成為天主教傳行中國考，極為簡明可讀，上海土山灣天主堂印書局出售，定價一元。

關於元代文人而爲基督教世家的，可看陳垣元西域人華化考一文，此篇有自印油印本，又發表於北大國學季刊一卷四號，燕京學報一卷二號。

問題

一 景教與基督教的關係怎樣？ 何時傳入中國？ 始來中國的景教徒爲何人？

二 景教傳入中國後，傳佈的情形怎樣？ 有何記載可憑？ 中國人思想有無受景教的影響？

三 宋代時景教在中國的情形怎樣？ 有何記載可憑？

四 元代的也里可溫和景教關係怎樣？ 當時傳佈的情形怎樣？

第四章　元代之西征

中國同西方的交通，唐以前都在若明若昧之中，兩邊的紀事太半是些模糊影響之辭．到了唐朝，中國勢力遠達中亞．景教東來，開西洋文化輸入中國的先聲，然後中西的交通始漸有撥雲霧而見青天的一日．遼金崛起北方，威振西域．蒙古繼起，掃蕩中原，復提大軍西向，兵威所至，遠及今日歐洲匈牙利一帶．元太祖成吉思汗滅貨勒自彌，對貨勒自彌人說「上帝生我，如執鞭之牧人，用以箠撻羣類！」若無列哥尼茲（Liegnitz）一役，這些執上帝之鞭的蒙古人眞不知要蹂躪歐洲到甚麼一種程度呢！蒙古人西征，對於文化雖然是一次番達主義（Vandalism）的襲來，但是在文化史上同中西交通史上的價值，卻是不小．卽說歐洲之近代復興，受此次西征的震撼，而醒其一向的迷夢，也無不可．

成吉斯汗崛起沙漠，十三翼之戰，始露頭角．於是征服泰赤烏、塔塔兒、乃蠻、克烈、蔑里乞諸部，爲成吉思汗．繼平金人，復滅西夏，定西遼．那時東方的强國便是蒙古，西方中亞一帶的強國要算貨勒自彌．兩國邊界緊接，自然發生利害衝突，勢不兩立．成吉思汗先派使通商，以窺虛實，爲貨勒自彌所殺，遂以爲藉口，傾全師西征．其時在太祖稱成吉思汗的十四年，南宋寧宗嘉定十二年，卽西元一二一九年也．成吉思汗西征，命他的兒子察哈臺和朮赤分兩翼攻下訛塔喇和西耳河境，自己則圍攻布哈爾(Bokhara)下貨勒自彌的首都撒馬爾干，踏爲平地．而托雷則分兵西征波斯各地，其一軍達丹尼普耳(Dnieper)，迫基發(Khiev)，踰喀桑（Kasan），沿窩瓦河（Volga），經吉利吉斯草原而還．今南俄羅斯一帶，全爲蒙古人所征服．成吉思汗則自入印度，以西夏叛變，班師回國，印度才得幸免於難．後來朮赤先死，乃命朮赤次子拔都繼統欽察地方．太祖逝後，波斯又曾一度叛變，爲蒙古所克復．這是蒙古的第一次西征，中亞細亞、波斯、南俄羅斯一帶，俱歸蒙古掌握之中．

一二三七年，拔都復興西征之師，過烏拉山越窩瓦河，將俄羅斯所有名城如莫斯科基發一一摧毀而後，便打算征服歐洲各國。於是自統一軍直趨匈牙利中部。察哈臺子諸王巴達統一軍由波蘭入西利西亞趨維也納；諸王合丹統一軍趨普次塔(Puszta)；大將速不臺則統一軍趨多惱河下流；諸路會師於匈京布達佩斯。縱橫於波蘭普魯士一帶，焚布達佩斯，乃進而迫維也納，這時候東歐諸國，眞是危險極了。無何窩闊臺大汗殂逝，拔都只好趕急班師回國，東歐諸國得暫逃一時的刧運，而匈牙利國統亦得不至中絕。拔都從基發出發是在一二四一年，其年窩闊臺死，一二四二年四月拔都得凶耗，傳令回軍；這一年餘中間，東歐是全然付托給這條上帝之鞭了。這是蒙古人第二次的大舉西征，欽察汗國之建立也卽在此次。

成吉思汗拔都的兩次西征以後，又繼以旭烈兀的一次，而蒙古西征之局，始告完成。前面說拖雷於太祖西征時，分兵攻服波斯各地。一二三二年拖雷逝世，於是次子旭烈兀繼承其位，復領有波斯各地。又降服木剌夷啓兒曼諸地然後進而攻陷阿拉伯帝國阿拔斯朝京都報達，阿拉伯帝國乃完全消滅。旭烈兀平定報達以後，並進兵越幼發拉底河，攻敘利亞，破大馬色(Damascus)諸地方擬進征埃及，以蒙哥大汗死而中止。這是蒙古人對於遠西第三次的威嚇了。

自拔都旭烈兀死後，忽必烈入主中國，經營中原，不暇西鶩，於是歐洲得重覩太平。而此時西亞中亞一帶則盡爲蒙古的藩王分封之地，即所謂四汗國的地方。四汗國雖然各各分立，然在名義亦仍然受汗巴里（那時北京的蒙古稱呼）大汗的指揮。從大汗國到西亞一帶，只要一道金牌，便可如履康莊大道，到處無阻。中西交通因而大開。這是自古以來所未有的。因爲中西交通如此便利，而蒙古人信奉也里可溫同其他宗派的基督教人又是不少。歐洲人見了武力不足以抗蒙古，遂又變更一種方法，想藉着基督教的力量來感化蒙古，勸蒙古人入教；在這滿望皆白的時候，打算好好的收穫一下。如隆如美，如柏朗嘉賓諸人之東來，俱是為此．至於孛羅叔姪久留中國，乃藉貿易以東來，這俱別見下章，此處不能一一詳說．

參考書

關於蒙古西征，洪鈞元史譯文證補最為可看．太祖西征，則有西域補傳；拔都西征則有拔都補傳；旭烈兀西征則有報達補傳；西域地方則有地理志西北地附錄釋地；同西域古地考．歐陽驛譯河野元三的蒙古史簡單明瞭，也可參考．漢譯英國韋爾斯著世界史綱中有幾章論述蒙古的，也值一看．至於總論蒙古全史的則以輔仁雜誌第一卷第二期姚從吾譯德國柯勞斯著蒙古史發凡，為簡潔得要．

問題

一　十三世紀時亞洲北方有何偉大民族崛起？　其威脅歐洲者何如？　試歷數其三次西征的事實．

二　蒙古族力征經營的結果怎樣？　於中西交通上有何影響？

三　當時歐洲人對於蒙古民族的態度怎樣？

第五章　馬哥孛羅諸人之東來

元朝兵威及於西域，那時軍中各種民族都有，朝廷上也是東西兼蓄，如第三章所述的愛薛，係君士坦丁堡人，爲聖而公會會友，卽是一例。那時西洋人入仕元朝的還不止此，拔都征匈牙利，軍中卽有不少的俄羅斯人在內，並且還有英國降人以爲嚮導。元定宗時，西洋奉基督教的如俄羅斯、希臘、匈牙利以及小亞細亞、亞美尼亞、敍利亞各處人因蒙古西征，被虜東來，聚居和林的很是不少。有俄國人葛斯默(Cosmas)爲大汗的工匠，卽爲基督教徒，而愛薛大約也是因爲蒙古西征隨軍而東的一人了。

當拔都建國東歐的時候，歐洲各國領過了他的教，畏懼得了不得。沒有辦法，只好於一二四五年由教皇意諾增爵第四(Innocent IV)召集歐洲奉基督教的國家在法國里昂開一大會，是爲有名的里昂會議。會議結果，決定派遣教士東去，同蒙古修好，一方面或者可以藉宗教的力量感化蒙古大可汗，使之信教，自可弭禍於無形．一方面聞聽和林，有不少的教徒，而僧人約翰獨王一方，信奉基督，尤其令這般教士欣慕，以爲是傳教的良機．所以那時成立了托鉢派，內中多由多明我會（Dominican）和方濟會（Franciscan）的兩派組織而成，目的卽在向東方傳教．里昂會議結果，第一次奉教皇派遣赴東方修好布教的卽爲方濟會的柏朗嘉賓(John of Piano de Carpini, 1245—1247)．歐洲人到中國第一次有文獻可稽的也是柏朗嘉賓．

柏朗嘉賓是意大利人，於一二四五年四月另偕同會修士二人（一名本篤 Benedict）自里昂啓行，到波希米亞（Bohemia），因其國王之勸，改道由波蘭入俄，得了同教人不少的幫助與贈與，遂到基發(Kiev)．由基發的蒙古守將派人護送到拔都駐處．那時柏朗嘉賓已是六十五歲的老人了，從基發馳驛東行，沿途因爲遭蒙古的兵燹未久，所有名城巨鎭，只賸斷壁頹垣，滿目荒涼悽慘．

柏郎嘉賓像

在這荒寒的曠原中忍着飢餓走了五星期方到拔都駐節之處。同行的二人只有本篤還能支持，餘一人已是不能追隨了。柏朗嘉賓進見了拔都之後，又由拔都派騎兵二人送他們赴和林覲見大汗。自此往東，又是不同，一路沙漠，水草都無，往往靠着雪水止渴。那時已是一二四六年的五六月間，猶是大雪紛飛。一直到這一年的七月二十二日方到和林。一二四五年四月自里昂啓程，到和林是一二四六年七月，途中計歷一年又四個月。

其時正值窩闊臺大汗新薨，定宗貴由汗登極爲皇帝。定宗的母親皇太后脫列哥那據柏朗嘉賓所紀也是信奉基督教的，因此召見，溫語慰勞。柏朗嘉賓在和林見着不少的基督教徒，俄國人葛斯默係著名巧匠，也供職於大汗之庭。大汗的寶座，用象牙雕成，嵌以金玉，即出葛斯默手。此外俄羅斯、希臘、匈牙利西洋諸國的西洋教士被擄來，住在和林的也不少。小亞細亞、阿美尼亞、叙利亞等處人更多。宗室奉教的也很多，初不止太后一人。皇宮附近，還有教堂一座，時常按照希臘教規，在教堂內舉行彌撒禮。教堂的教士也由國家按月給俸。皇帝的太醫，也有不少信教的。柏朗嘉賓在和林時，並得傳聞契丹人信奉基督教的事。據說契丹人信奉的是景教，自有舊約新約，有教徒，有教堂。又說及僧人約翰(Preslir John)，以爲約翰是大印度王，成吉思汗曾攻大印度，爲約翰以計敗之云云。

柏朗嘉賓東來時，攜有教皇致大汗書，一明基督教理，勸大汗入教，一勸蒙古息兵罷戰。柏朗嘉賓在和林住了幾個月，看看這兩種使命都無消息，直問定宗，答語也不得要領，只好回國復命。定宗的復書對於信教、修好諸端一概置之不理．柏朗嘉賓這一次的使命只好算是失敗了．柏朗嘉賓的回國是一二四六年十一月十三日，大雪漫天，在路上兩個多月，方回到法國的里昂，這是一二四七年之初，而定宗也在次年二月死了．

到了一二四八年，是柏朗嘉賓回到歐洲的第二年，又有自蒙古來的人，說及定宗死後，新大汗卽位，如何寵信基督教徒，基督教徒在和林的是如何的繁多，只因神父太少，幾如無牧之羊，等等的消息．法蘭西王路易第九（Louis IX, 1215—1270）那時在基督教中以奉教虔誠著名，有聖王之稱，知道了這種消息，心中大動，因決意派遣教士東行開教．膺這開教的大使命的是爲聖多明我會修士隆如美（Andreiv of Lonjumeau），帶了隨員六人，攜着路易致大汗的書和各種禮物，以及基督故事的繡幔．隆如美曾出使過波斯，通阿拉伯文．不料他們到和林時，定宗去世二年，大位虛懸，皇后攝政，政局不定．隆如美沒有辦法，只有將書信禮物送上，帶了傲慢的復書怏怏而回．這一次的使命又失敗了．

路易並不因此而灰心，一二五二年偶聞拔都的世子撒爾大石確已領洗進教，遂決意再派教士到蒙古去開教，而先謁撒爾大石，以爲先容。於是在方濟會中簡派修士二人出使蒙古，兩位修士一是有名的羅伯魯（William of Rubruick），一名巴爾多祿茂（Bartholomew of Cremona）；還有一位隨員三人從海道先到君士坦丁堡，由君士坦丁堡到撒爾大石的防地，才知道撒爾大石並未進教。後來由撒爾大石送到拔都處，拔都命赴和林。那時蒙哥大汗在位，是爲憲宗。

羅伯魯於一二五二年八月自拔都駐節之處東行，路上凡歷三個月始於十一月底抵和林。羅伯魯抵和林後，大約住了八個月，布教東方的使命，蒙哥大汗置之不聞不問，仍是毫無結果，只好仍然回國復命。羅伯魯回國以後，著有一部遊記，紀述此行見聞種種。據說他在和林時離皇居兩弓的地方，即有一教堂，羅伯魯曾親自去過，內中陳設聖像，又有一隱修士在內祈禱。修士爲阿美尼亞

人，學道於耶路撒冷，後來東方傳教，想感化蒙哥，成爲教徒。羅伯魯並曾見着許

羅伯魯像

多歐洲人流落在和林的，其中有一法國羅倫(Lorraine)省麥茲府(Metz)的婦人名巴各德(Paguelte)者，也在和林，供職於奉基督教的某貴婦家。她自己嫁了一位俄國丈夫，生有三個兒女。羅伯魯從這位法國婦人處得知住在和林的巴黎金銀匠步瑟威廉(William Buchier)很蒙大汗的寵任。羅伯魯還曾同這位步瑟通了一次信。至於日耳曼、匈牙利、俄羅斯的人更是很多。教皇先前曾遣安得烈(Andrew)到波斯，這一隊使者中有一位教士名叫狄奧多羅(Theodolus)的，並不回國，就此飄流直到東方，此時也到了蒙哥大汗的宮廷，假充攜有天書云云，卒爲蒙哥察破，

逐之回國.羅伯魯那時親見此事.

羅伯魯的使命雖沒有成功,而他在和林住了七八個月,所耳聞目見的可也不少.拔都的兒子雖未奉基督教,而其左右奉景教的却很多,和林人士信奉景教的尤其不少,多係貴族顯宦,宗室近臣,並有教堂一座,照規行禮.又說中國內地信奉景教的凡有十五城,西安有主教一人,掌理中國教務:這些同中國書上所說的都相符合.元朝對於各教一律看待,於基督教不加分別的情形也一一見到.那時因爲各教聚集一處,自不免有互相攻訐的處所,於是有蒙哥大汗召集諸教辯論之事,羅伯魯也曾親自參加這一次的衛道大論戰.據羅伯魯說,這一次的辯論是他勝了.辯論之後,蒙哥雖未卽信教,而態度却已不同,常偕皇后到教堂來禮拜,並時臨阿美尼亞修士的教堂中,要羅伯魯等唱經求福.皇后等並時至景教教堂.元室后妃信基督教的,史書屢有紀載,貴族顯宦,宗室近臣系出也里可溫世家者,也屢見於中國載籍,都可以證明羅伯魯的紀載不錯.羅伯魯歸國以後，所帶回的蒙哥大汗復書，至今還在羅馬教皇圖書館中保藏着．柏朗嘉賓、隆如美、羅伯魯諸人受着教皇的使命，東來開教，不幸都先後失敗歸去．但是教皇開教東方的心願還是不息，一二七四年，教皇又派方濟會修士五人先到波斯，請伊耳汗主哈巴迦(Abaga)代爲照料，送到中國傳教．哈巴迦也是一位基督教徒，伊耳汗國同基督教的關係，後面再說．這一次因哈巴迦照料送到中國傳教的方濟會修士，據說是成功了，幾年後他們曾上書教皇尼可老第三(Nicolas III)，說中國的教務已開，進教者日多，請求派主教一員綜理中國教務云云．

到了十三世紀的下半期，歐洲羅馬一派的基督教在中國大約是已有了一點根柢了．中國那時是元世祖忽必烈在位，曾派孛羅兄弟西還，要教皇派遣有德的教士百人東來傳道，這件事沒有作到．至於孛羅兄弟東來，同伊耳汗國的情形，俱見於下．只說一二八九年的時候，教皇尼可老第四聽知中國皇帝優待教士，於是簡派方濟會修士數人到中國來傳教，以孟高未諾(John of Montecorvino) 爲首領。孟高未諾爲意大利人，生於一二四七年。一二九一年，自波斯伊耳汗國都起程，遵海道先到印度，謁聖多默(St. Thomas)墓，然後再到中國。自起程到中國，路上共計十三個月。到中國時從何處上陸，遵何道到北京，已不可考。孟高未諾在中國的事蹟，只靠他所傳遺下來的幾封函札。據說初到北京，那時景教很盛，孟高未諾爲其所忌，很受了一些磨折，一直經過五年，才得自由傳教。一二九九年在北京建立教堂，從此年起，到一三〇五年，據他的信上說，信教的已有六千人之多，受洗的至三萬人。在一三〇五年，有一位信教的西洋商人彼得(Peter of Lucolongo)捐地一塊，於是孟高未諾別建一新教堂，距皇宮很近，離第一教堂約有兩哩。孟高未諾又曾買了一百五十個小兒，年齡自七歲至十一歲不等，教以希臘文、拉丁文、讚美詩和三十篇祈禱歌日課經；又曾繪製六張聖畫，上繪新舊約上的故事，注以拉丁、畏吾兒、鶻和波斯字。

一三三二年，即元順帝元統元年，大主教孟高未諾卒於北京。據同時在北京的西洋教士目覩其事者說，孟高未諾之死，北京的基督教徒很是哀痛。發引時無論教內教外，皆爲服喪，執紼送葬的很多；孟高未諾所遺的一絲一縷，他們都視爲至寶。當時北京的教徒以及旅居北京的外國教士，致書西國，對於孟高未諾都不勝欽服，以爲聖人。孟高未諾在元朝，前後三十餘年，感人之深，同明代的利瑪竇可以後先輝映。

孟高未諾開教北京，一三〇七年，教皇授孟高未諾爲北京總主教，次年並派方濟會教士七人到中國來幫助孟高未諾，其中到達了中國的只有日辣爾（Gerard）伯肋格林（Peregrine of Castello）和安德肋（Andrew of Perugia）三人。後來又派來主教三人，一名多默（Thomas），一名熱羅尼莫（Jerome），一名彼得（Peter of Florence），都是方濟會士。當時羅馬天主教在中國不僅傳行北京一隅，南部如福建的漳州、泉州也設立教堂，置有主教。漳泉基督教之盛大約因其向爲南海貿易的要港，基督教商人到此貿易的不少，故此興起。同孟高未諾傳敎的日辣爾卽被派爲潭泉一帶的主敎。日辣爾去世，伯肋格林繼爲主敎。至於安德肋則由元朝給以公款，在近郊山林中建立敎堂和修士院；伯主敎死後，卽由安德肋繼任。這不僅可以見出羅馬天主敎在元時卽已傳布於北京、福建一帶，而福建的潭泉貿易之盛，也可見一斑。那時外國人稱泉州爲 Zayton, or Záitun，據近人考證，以爲卽是刺桐二字的譯音；因爲泉州自五代時卽已環城遍植刺桐樹，久有刺桐城之號，故稱之爲 zayton 云云。

正當十四世紀初期，孟高未諾諸人以外，不遠萬里由歐洲東來傳敎，其艱苦卓絕，不亞於以前諸人的還有一位阿多理。敎中稱爲眞福阿多理 (Ordoric of Pordonone)。阿多理爲意大利人，自幼入方濟會，年三十發願到中國傳敎。一三一四年起程，孑然一身至君士坦丁堡，由此經小亞細亞至波斯、印度諸國。然後由印度的錫蘭浮海到南洋的爪哇、蘇門答剌，復由南洋北上，由緬甸入中國，經雲南兩廣而入福建，遂抵泉州，得見安德肋諸人。在泉州寄居不久，即行北上，由南京、揚州直達北京。到了北京，大約在孟高未諾之下任過職，前後三年，受洗者約二萬人。其後由陸路回到歐洲，中途取道山西、陝西、四川、西藏諸地。元代自馬哥孛羅以後，以外國人而遊歷中國如此之廣者，只有阿多理一人。

阿多理像

其時又有小弟會教士（Minorites）馬黎諾里（John of Marignoui），受教皇本篤第十二（Benedict XII，1334—1342）之派遣而來東方。馬黎諾里東來時並隨帶教友二人，自法國亞味農（Avignon）啓程，經君士坦丁堡，傍窩瓦河，過東土耳其斯坦，至哈密，留駐甚久，一三四二年，方至北京。留至一三四六年，始至泉州，取水道西還，路過印度，一三五三年方回到歐洲。天主教士到過中國而留有紀錄的要算馬黎諾里爲最後一人了。中國書上所紀元朝佛郎人獻天馬，據近人的考證，卽是馬黎諾里的事。

以上所說都是元朝時候因爲傳敎的原故，到過中國的天主教士。此外不因傳教，純以貿易來到中國而最有名的，自然要算孛羅(Polo)諸人了。當一二六〇年時意大利威尼斯(Venice)商人尼哥羅孛羅(Nicolo Pola)與弟馬飛孛羅(Mafeo Polo)經營商業於君士坦丁堡，其後至布哈拉，居其地三年。適値那時旭烈兀遣使至中國謁忽必烈大汗，使者見尼哥羅兄弟，大喜，邀其同行赴大汗廷。以前的大汗大率住居和林，到元世祖時，因爲政治上的目光由西域轉到中國，於是大汗駐節的地方也由和林移到了北京，那時候稱北京爲汗巴里(Khanbalik)，意卽汗京也。尼哥羅兄弟此時卽至北京，居久之，漸通蒙古語，蒙世祖召見，詢問西洋一切。二人以應對得世祖心，遂留居左右。南宋之平，二人也曾有所獻策。其後孛羅兄弟辭欲西歸，世祖命其致書教皇，請派道行高深，博通科學美術之士百人東來。尼哥羅兄弟乃歸意大利。以其時敎皇格肋孟第四（Clement IV）新逝，繼任者年餘尚未選出，急不能待，遂東歸復命。東行時並攜尼哥羅之子馬哥孛羅（Marco Polo）以俱。三人在途聞新敎皇選出，往見敎皇不敢應元世祖命，派敎士百人東去，只簡二人同孛羅諸人東去報命。這簡出的二人，在中途也就藉故不前了。孛羅兄弟以與大汗有約，於是帶着童子馬哥仍上長途。在路共歷三年有半，經莫蘇爾、報達、波斯南部至忽魯謨斯（Hormuz）。由此舍舟登陸，過呼羅珊、巴里黑，越帕米爾，以至疏勒、莎車、和闐。復向北過庫車、烏魯木齊、哈密至甘肅，由此以至上都，時爲一二七五年，卽元世祖至元十二年也。元世祖見了孛羅諸人，尤其喜歡馬哥的聰明，留充侍衛。

自是馬哥孛羅任大汗親信，備顧問者歷十七年。自一二七五年至一二九二年，馬哥屢奉大汗使命，出使異國，並歷遊中國各地，四川、雲南、和林俱有馬哥足跡，且曾至印度。任揚州樞密副使三年。至一二九二年，孛羅父子三人，忽動故國之思，恰值那時科克清公主下嫁波斯伊耳汗國之阿魯渾汗，乃命孛羅諸人扈送前去，由泉州放洋，到波斯時，阿魯渾汗已死，科克清公主乃依蒙古俗改嫁阿魯渾汗之子合贊，而孛羅諸人則從波斯經阿美尼亞，過特拉比遵德（Trebizond），於一二九五年復返威尼斯故

馬哥孛羅諸人回里被拒圖

鄉。馬哥後來曾將東遊經過，口述成書，是爲有名的馬哥孛羅遊記。書中於上都、汗八里、杭州的繁華富麗，以及泉州港中外交通之繁密，俱有所敘述。並曾述及西藏、緬甸、後印度、南洋羣島、錫蘭諸地；當時元朝的瑣聞佚事，朝章國故，也時時夾見其中。柏朗嘉賓和羅伯魯之入元，雖然在馬哥以前，但是二人足蹟只及和林，所述事項簡單，不及馬哥書之複雜廣博而富於趣味。馬哥的書紀述大都很是可信，其中可以補正元史者不少。歐洲中世紀時，馬哥孛羅遊記一書，幾於婦孺皆知，連哥倫布之發現新大陸，也與馬哥的書有關係呢。

一三四〇年的時候，又有一位意大利佛羅倫斯（Florence）人裴哥羅梯（Francesco Balducci Pegolotti），著有一部旅行指南（Libro d: Divisament: d: pnesi），書中於各種交通路線，行路之安全，金錢之兌換，用物之需要，敍述很詳。中間於新疆的伊西庫耳、庫車、烏魯木齊、哈密、甘州、西安、杭州、汗八里，都有紀載。至於裴哥羅梯自己是否果曾到過這些地方，現在卻不可知了。

在這些東來的歐洲人之外，也曾到過東方的中國時代也正在元朝，而可以附帶一說的，有非洲唐格爾人(Tangior)伊本拔都他(Ibn Batutta, 1304—1377)。伊本拔都他從唐格爾出發，遊歷北非洲、埃及、敍利亞、阿拉伯、波斯、東非洲，在麥加(Mecca)住了三年，又經小亞細亞至君士坦丁堡，過俄羅斯南部，到基發、布哈拉，歷呼羅珊、阿富汗以至印度。在印度京城德里(Delhi)住了下來，供職於印度政府者前後凡八年。一三四二年被派爲使臣出使中國。航行遭險，乘舟破壞，冒險漂流印度沿岸及南洋羣島一帶。最後至福建之泉州，由此登陸，轉赴杭州，又由運河北上至汗八里。後來復由泉州起行西歸，渡蘇門答臘，至印度、阿拉伯、波斯。又遊歷敍利亞、埃及。至一三四九年始歸故鄉。其後又遊歷非洲內部一次。後來受故鄉蘇丹之命，將一生經歷寫成遊記，遊記中所紀中國如杭州情形，大都很有根據，不是臆造。在伊本拔都他之前的，尚有小阿美尼亞王海屯(King Hayton I of Lesser Armenia)，於定宗貴由大汗之時，曾遣使修好，至一二五四年又親自來朝蒙哥大汗。行程經過，侍臣爲之一一紀錄，中間曾述及蒙哥受洗事也。

以上所述的大概都是歐洲人（尤其以意大利人爲多）和西亞一帶的人在元朝時候到過中國的。歐亞交通以及歐洲人到中國之確然可據，並見於雙方紀錄，大約要以元朝爲始了。元朝兵力及於歐亞兩洲，東西交通一時大開，中國人以及生於中國的人到過西亞以及歐洲的也不乏其人。今在本章之末，略述一二。

元朝時候西遊而第一個有紀錄的大約要數邱處機。當成吉思汗西征，邱處機受任自山東踰戈壁沙漠至克魯倫河，越金山、烏魯木齊、庫車、伊西庫耳、塔賴寺、塔什干，以至成吉思汗駐軍的撒馬爾干地方。邱氏西行的時候，由他的弟子李志常爲之記述經歷，書名西遊記。不過邱處機所到只限於中亞細亞。後來旭烈兀據有波斯，平定哈利發帝國，蒙哥大汗於九年（一二五九年）派遣常德爲專使，到波斯見旭烈兀。自和林出發，過塔賴寺，撒馬爾干，木爾發（Merv）以至馬三德蘭。劉郁西使記所載就是這一回的事。這兩人足跡最遠只到過波斯，比之唐朝的杜環相去不遠。又有一位周致中著了一部嬴蟲錄，自云在元歷仕十九載，奉使外蕃者六；但是沒有別證，所說也多踏襲前人之處。要說以生於中國的人而到過歐洲，留有紀錄的，則不能不推十三世紀末年伊耳汗國阿魯渾汗所派雅巴拉哈主教（Mar Yaballaha）這一次了。

旭烈兀平定波斯，因蒙哥大汗之死東歸，其部將怯的不花竟爲埃及兵所敗。旭烈兀歸波斯，形勢稍轉，但是回回教的勢力還是有長無已。旭烈兀因此屢與西洋各基督教國聯絡，以圖夾攻覆滅埃及。不幸旭烈兀中途殂逝。但是旭烈兀一家信奉基督教的倒不少。他的皇后道古可敦（Dakur Kathon）就是一位很著名的奉教者。他的兒子阿不花（Abaga）並且同一位希臘的公主瑪麗亞（Maria）結了婚。西史以旭烈兀比之君士坦丁大帝亦屬無愧。後來阿不花的兒子阿魯渾即位，對於歐洲諸國，都表示好感，自一二八五年至一二九〇年前後派遣四次使者到歐洲去，聯絡歐洲，合攻薩拉森人。前面所說開教北京的孟高未諾也於一二九〇年至一二九一年到過阿魯渾的宮廷。一二八七年的一次到教廷的使者，由報達的景教大主教雅巴拉哈爲首，隨行的有主教巴瑣馬(Bar Sauma)，同其他的三個人。一直到阿魯渾死後，伊耳汗國同教皇的關係還是沒有斷絕。巴瑣馬生長北京，於一二八七年至一二八八年隨使節到羅馬，著有遊記，於其在西方所見宗教上之奇風異俗，意大利他處的情形，巴黎大學的學生等等，俱有所紀載。以東方人而紀述歐洲，確切無誤的，大約要以巴瑣馬居首了。

參考書

本章所述東來諸人遊記，張星烺氏中西交通史料匯篇第二冊古代中國與歐洲之交通俱爲譯其大略，張氏所譯，蓋又根據英人 H. Yule: Cathay and the Way Thither 一書也。張氏別譯馬哥孛羅遊記全書,其已出版者有遊記導言及第一卷.張氏專精此書,所譯很有不少的發明爲中國研究馬哥孛羅最有成績的一個人.至於柏朗嘉賓、羅伯魯、阿多理諸人遊記全書,作者有意譯此,柏朗嘉賓的遊記已譯成書,尙未出版也.

邱處機西遊記,以前所有,都是不全本,最近日本內閣文庫發見全本,影印行世,中國羅振玉有翻印本.劉郁西使記,王靜安先生遺書中有校錄本.周叔中嬴虫錄明朝人把它改名爲異域志,明周履靖陳繼儒編的夷門廣牘和陳繼儒的寶顏堂祕笈中都收有此書.

雅巴拉哈的遊記尙無中文譯本,英文有美國哥倫比亞大學教授 James A. Montgomery 從敍利亞文譯出的譯本,名爲 The History of Yaballaha III. Nestorian Patriarch and of his Vicar Bar Sauma 只譯一半,到巴琑馬遊歷歐洲羅馬各處爲止.又有 E. A. W. Budge 譯的 The Monks of Kublai khan. London 1928 則爲此書的全譯.

輔仁學誌第一卷第二期姚從吾所譯蒙古史發凡第二編蒙古時代東西間之交通,亦論到本章所述各家,簡明可讀也.

關於孟高未諾在北京開教事所遺諸信，張星烺氏已爲譯登中西交通史料匯篇第二冊，此外樊國樑主教的燕京開教略和蕭司鐸的天主教傳行中國考也是關於本章參考的好資料。

英文書方面我要介紹 Prof. Latourette: History of Christian Mission in China 和 H. Yule: Cathay and the Way Thither 兩書。

問題

一 歐洲各國對蒙古態度是怎樣決定的？ 因擬以宗教感化蒙古的策略派人到東方傳教者有幾次？ 主派者何人？ 被派者何人？ 何時來中國？ 此種策略的成敗怎樣？ 有何記載可據？

二 不因傳教而來者以何人爲最著名？ 其收效如何？

三 馬哥孛羅在元曾任何官？ 所經歷有多少地方？ 怎樣來中國？ 怎樣歸國？ 歸後寫有何名著？

四 馬哥孛羅之後東來而有著述可據者尙有何人？

五 由中國西行而有著述可據者何人？ 其中曾遠至歐洲者何人？

第六章　十五世紀以後中西交通之復興

中國方面的元朝，在順帝以前，同西洋的交通，以及西洋教士在中國布教的狀況，都可算是盛極了。到了順帝即位以後，元政日衰，豪傑紛起，中原的混亂日甚一日。中亞以及波斯、南俄一帶的四汗國，同中國也就斷絕了往來。同時西洋方面，突厥人興起，東羅馬帝國竟爲所滅。以前歐洲人同東方相通不外三條大路：(一)取道埃及出紅海；(二)由地中海東岸登陸，至幼發拉底河順流出波斯灣；(三)由黑海取道美索不達米亞而出波斯灣。這一來，三條大路俱爲突厥人所封鎖；歐洲同東方的貿易也爲突厥人所壟斷，同漢朝時候，安息人之阻閡中國和大秦的情形一樣，東西的交通因此又阻隔了若干時候。

但是歐洲自從蒙古軍西侵與夫前後七次的十字軍東征以後，傳入了不少的東方新事物，不僅眼界爲之一開，卽思想也因而轉變。這些傳入的新事物中最可紀念的要數印刷術、紙、火藥和羅盤四件東西.有了紙同印刷術,歐洲的文化纔日趨於普及,寺院的專制,因而摧破.有了火藥,歐洲的封建制度才掃地無餘.而羅盤的傳入,使中西交通因而重開,新大陸因而發見,尤與本書有密切的關係.

因爲突厥人之阻塞歐洲同東方的通路,出紅海出波斯灣這幾條路已經沒有希望,於是不能不找其他的出路.十五世紀時歐洲諸國的獎勵航海,就是應此種需要而起;其中尤以葡萄牙爲最熱心.王子亨利(Henry the Navigator)遠征非洲,開廻航非洲之漸;一四八七年地亞士(Bartholo mew Diaz)遂發見好望角(Cape of Good Hope);一四九七年,葡萄牙人華士噶德伽馬(Vasco da Gama) 也開始遠航東方,繞好望角以至印度的加里喀達 (Calicut, 那時的中國人稱此爲西洋古里),這就又復興了歐亞的交通.華士噶德伽馬既發見了印度航路,葡萄牙遂實行經營東方,佔據臥亞 (Goa 明時中國人稱此爲小西洋）馬剌加，設印度總督，經略南洋的蘇門答臘和爪哇。一五一六年（明正德十一年）葡萄牙人裴斯特羅（Rafael Perestrello）到中國。一五一七年，葡萄牙東印度總督阿布奎克（Albuquerque）遣使者比勒斯（Peres）通使中國。比勒斯曾到北京，或者就是明史上的佛郎機人火者亞三也未可知。從此以後，葡萄牙人來者益多，到嘉靖時，上川島、雷白、澳門都有葡萄牙人；其後澳門竟成為葡萄牙人的租借地。

葡萄牙人東來以後，繼之而起的是為西班牙人，一五一九年麥哲倫（Magellan）擬環游地球一週，因由大西洋，過南美洲的南端，出太平洋，一五二一年發見了非律賓羣島。麥哲倫卽在此地遇害。他同行的人便航行印度洋，繞過非洲南端於一五二二年歸國。一五六五年西班牙人據非律賓，一五七五年（萬曆三年）正式同中國通使。西班牙通中國以後荷蘭英國相繼而起。英國同中國的交通則始於崇禎之時。自是以後，廣東一省成為外國人薈萃之處，其盛竟有過於中世紀的泉州.

十五世紀歐洲諸國經營東方的情形略如上述.但是中國方面卻也曾奮起過一次,中國海軍的威力縱橫於南洋一帶,帆影所指,遠達非洲東岸,這就是永樂時鄭和之七下西洋了.鄭和的聲名一直傳到現今,至今南洋的住民猶稱頌三保大人不止,三保就是鄭和的小名.

明太祖繼元朝而興,有鑒於元朝征伐日本之失敗,知道中國將來必得在海上有一番舉動,所以在鍾山設桐園漆園,植樹數千萬株,以備將來造船之用;立四夷館,養成通譯人才,太學中收受外國學生,以華化外國人.洪武時在陸路方面有傅安諸人留西域至十三年始返.在海道方面,曾屢次派趙述、張敬之、沈秩、劉叔勉諸人使三佛齊、浡泥、西洋瑣里等國.成祖卽位,距洪武開國已三十餘年,休養生息,國勢强盛,秉承太祖的成規,遂有鄭和下西洋之舉.永樂三年(一四〇五年)鄭和第一次下西洋,至宣德七年(一四三二年)爲止,二十七年間前後共航海七次。寶船之大者長達四十四丈，闊達十八丈，中船之長也有三十七丈，闊十五丈。將士多至二萬七千餘人。維綃掛席，際天而行，聲威之盛，眞是伊古所未有也。鄭和七次下西洋，今日南洋一帶幾到處都有他的足跡，錫蘭島王亞烈苦奈兒竟爲鄭和所擒，其他諸邦國王入朝貢獻的還不少，並且還有流寓瀆泉一帶，不復歸國，後嗣至有在中國掇巍科的。鄭和下西洋足跡所及：最西到紅海口邊的亞丁以及非洲東部今意屬索馬利蘭（Italian Somaliland）一帶（非洲東部如不骨都東、卜剌哇、竹步三國都在今意屬索馬利蘭境內），已達赤道以南了。

鄭和之下西洋，最後一次，止於宣德七年，卽西歷一四三二年。稍後大約十年光景葡萄牙人便開始尋覓海上的新航路了。一四八七年地亞士乃發見好望角，一四九七年華士噶達伽馬發見印度航路，而他沿非洲東岸東指以到印度的航程，正和鄭和之到木骨都東諸國一樣。那時鄭和諸人若能自木骨都東諸國再行往南一點，說不定好望角之發見，不必要等到五十五年之後，而東西交通即由鄭和開其端亦未可知。可惜宣德以後諸帝的雄才大略，遠非成祖之比，諸臣也無有像鄭和這樣的人。所以鄭和以後不惟繼起無人，中國在南洋已有的勢力，也逐漸衰微，到頭來連中國自己的海疆也不能保，以致倭寇橫行，為禍數十年而不戢。可是中西兩方在這十五世紀的時候，一先一後一東一西的在那裏努力開發海上的新領域，這不能算是偶然的吧！

參考書

關於十五世紀西洋人之從事航海，發見海上新航路諸端，可參看何炳松先生編譯歐洲近代史一書。鄭和下西洋的書很多，當時所著的有費信的星槎勝覽（羅振玉影印天一閣本及排印本）馬歡的瀛涯勝覽（紀錄彙編本）。敘述簡明的有黃星曾西洋朝貢典錄（粵雅堂叢書本）。較為詳明，並且述及宣德以後的，有嚴從簡的殊域周咨錄（故宮博物院重印本）羅曰褧的咸賓錄（豫章叢書本），茅瑞徵的象胥錄（只有明刊本）。至於鄭和航行的航程圖和寶船圖可看茅元儀武備志卷二百四十所附的自寶船廠開船從龍江關出水直抵外國諸番圖。作者於小說月報第二十卷第一號作有關於三寶太監下西洋的幾種資料一文，也可以參考參考。

問題

一　元末中西交通何以忽然中斷？　因此種中斷的情形對於世界交通史上發生了何種新變化？此種新變化的主角是甚麼民族？

二　首倡獎勵航海者何人？　發見好望角者何人？　首繞非洲東航者何人？

三　首至中國者何人？　中國何處是他們初到時所麕集的地方？

四　在歐人競事航海之前，中國人對於航海事業有何壯舉？　後來何以又歸沉寂？　後來有何僅有的影響？

第七章　明清之際之天主教士與西學

中國在漢唐以來,同羅馬的交通,祇間接的得了一些西洋的文明.到了元朝,中西交通正式展開,西洋教士到中國傳教,西洋文明才算在中國下了一粒種子.那時基督教會建立於泉州北京各處,學習希臘拉丁文字的有一百餘人,信基督教的僅北京一隅,即有三萬多人,眞是盛事.西洋文明大有從此時起即發皇光大的景象.不料突厥人興起,中西交通隔絕,中國內部一亂,一切的希望都成泡影了.元朝基督教的消滅在十四世紀的末年,到一五八一年利瑪竇東來,中間相隔約二百年,西洋文明之在中國才又墜緒重拾.這一次重入中國,雖然還是經了不少的挫折,也不能十分順利地發展,但是這一粒種子究竟沾着了雨露,得以發芽長大,不至埋死土中.

自十五世紀葡萄牙人同中國交通,西班牙、荷蘭、英國諸國人相繼來臨,外國人在廣東的根據地也一天穩似一天。其時到中國來的商人而外，還有不少的傳教士，這些傳教士中間最有名的要算聖方濟各沙勿略(St. Francis Xavier)。方濟各最初在日本傳教，於嘉靖二十九年（一五五〇年）謀入中國傳教，抵廣東之上川島，但是總不能進入內地，其後竟死於上川島。聖方濟各死後，其他各會如聖多明我會、聖奧斯定會、聖方濟各會修士多有潛入福建、廣東一帶傳教的，大都是幾個月就被驅逐出境了。不過基督教傳入內地在聖方濟各至上川島以前，也還可以看見。

上一章說到一五一七年葡萄牙派比勒斯出使中國，到中國北京。比勒斯後來因爲同國人在廣東鬧了事，致被遣回廣東。但是據又一說，比勒斯並沒有到廣東，當時被流至北方一處名爲 Sempitay 的地方。一五四二年葡萄牙的一位冒險家而兼海盜的秉托 (Ferdinand Mendez Pinto) 爲中國所捕，監送北京，從運河北上，經過 Sempitay 地方，得遇比勒斯的女兒，方知比勒斯被流至此，娶有一婦，由比勒斯勸之信奉基督教，此外並又感化當地居民信教的漸至三百餘人，他們的女兒則名為 Inez de Leyria 云。據說比勒斯流至其地，迄其女兒和秉托會見，已有二十七年。可見基督教之傳入中國內地，遠在聖方濟各到上川島以前三十餘年，卽已有點萌芽了。

聖方濟各到中國的計畫失敗以後，一直到一五七九年，羅明堅 (Michel Ruggieri)才得進入廣州，又兩年利瑪竇(Matteo Ricci)繼羅明堅而至肇慶。和利瑪竇同時還有一位敎士鄂本篤(Benedict Göes)想從陸路進入中國，自中亞經新疆，以至甘肅，一心想達到傳說上相信基督教的伽也唐國(Cathay)到了甘肅，才發見伽也唐就是支那。利瑪竇派人往迎，而鄂本篤已因病而死了。利瑪竇為意大利人，耶穌會士，立志傳教中國，到肇慶以後，建立教堂，其後又至韶州，傳布基督教義。自是以後，耶穌會士到中國來的日益加多。利瑪竇學問淵博，德行湛粹，同中國達官貴人士大夫往來，恂恂儒雅，頗為當時人所敬。到韶州以後，乘着機會，又踰梅嶺，經江西，以至南京，後來又從南京到北京．基督教竟因之以復興於中國．但是利瑪竇之東來，於基督教復興而外，還有一點更重大的意義，便是西洋學術之傳入．在元朝，天主教士東來，只蒔下了一點宗教之籽，卻也未曾長成．到了明朝隆萬以後，利瑪竇諸人，不僅是重蒔宗教之籽，並且也開了一小朵學術之花．這不僅對於中國史上是一件大事，即就中西交通史的全體而言，也算是開振古未有之奇局．現在先分類的將天主教士傳入的西學述說一番，然後再及明清之際天主教盛衰之概．

利瑪竇等東來，正値明朝的末年，一方面倭寇特盛，一方面淸朝崛起，遼事的緊張，竟成爲明朝亡國的致命傷．那時兵的素質既壞，器械又太不精，國家的財政又極爲窮困．（明末財政上的困窘，同南宋不相軒輊：南宋末年，國家收入有恃於各市舶抽分的很多．明朝隆萬以後，廣東的公私諸費也就大半靠着商稅．）怎樣能够開發財源？怎樣能够改精兵器？這都成爲當時第一等重要的問題.利瑪竇諸人到中國來傳教,看淸楚了中國那時的情形,所以利子於萬曆二十八年上表陳情,卽以西洋的奇器、天文、輿地之學啓發當世,且要那時的教士多多的輸入繪畫、玻璃器皿、𤕅布、時表、地圖、火器等物.熊三拔(Sabatin de Ursis)繼利子掌教北京,著泰西水法,首說利瑪竇到中國以後,對於那時中國的貧乏,很是痛心.研究原因,以爲水旱饑饉,乃是由於水利不修所致,打算將泰西的水法傳入中國,興水利以振興農業.自言布之將作,期月可待.不幸利子逝世,於是熊三拔繼利子之志作爲泰西水法一書,闡明幾種水利器具的原理,以供當時的采用.後來徐光啓著農政全書,水法一卷,卽全采熊三拔書.至於全書之受西士影響尤不待言.明末王徵從金尼閣(Nicolaus Trigault)遊,摘譯西書,成奇器圖說,內中亦以水法器具爲多.

崇禎十二年有一位耶穌會士畢方濟(Franciscus Sambiaso)上疏,獻富國强兵裨益國家的四大策:一曰明曆法以昭大統;二曰辨礦脈以裕軍需;三曰通西商以官海利；四曰購西銃以資戰守．其中開礦一條，在崇禎十六年左右，曾命湯若望(Johannes Adam Scholl von Bell)試辦，未幾明亡，遂未果行．但是在明朝的學術界中，西洋的採礦術不無一點痕跡可見，如宋應星的天工開物，方以智的通雅，其中都提到鑒別礦物，似乎都受有西士的影響．

明朝末年因爲外患緊急，無法對付，對於西洋新式火器的需要，覺得很是急切．徐光啓從利瑪竇遊，深知西洋火器之利，曾力請多鑄大礮，以資城守．天啓元年，外患日亟，兵部議招請外國人助戰，到澳門徵求精於火礮的西洋人．西洋人陸若漢(Johannes Rodriquez)和澳門西紳公沙的西勞(Gonzalves Texeira)率西人二十四名，大礮四尊助戰，屢著奇勛．崇禎時更命畢方濟龍華民(Nicolaus Longobardi)招勸殷商，捐助火器；又命湯若望監鑄大礮，傳授用法．其後若望降清．康熙時吳三桂反，清廷又命南懷仁(Ferdinand Verbiest)鑄造大礮百餘尊，分配各省使用，又仿歐式鑄神武礮三百餘尊．西洋的火器，在明清之際，可算是實用了．自永樂、萬曆以來，因爲征伐外國以及倭寇，講求兵器，西洋的佛郎機和阿拉伯的火器遂因而傳入中國，著書討論的也就不少：如萬曆時趙士禎的神器譜，卽我們討論西洋銃和嚕密銃的製造用法．天啓以降，說者更多，如海外火攻神器說，祝融佐理，以及湯若望授焦勗所述的則克錄（一名火攻挈要），南懷仁的神武圖說，皆秉西洋正傳之作也．不過明朝是衰弱到了極點了，雖然傳入了西洋的火器，仍然不能挽救這種危亡．

神宗萬曆時利瑪竇上表，自言天地圖及度數，深測其密，所製觀象考驗日晷，與中國吻合．徐光啓、李之藻、楊廷筠諸人與利子往來，時相講習．利子因著乾坤體義，以述天象，著經天該，把西洋已經測知的恆星，作成歌訣，以便記憶．又自製渾天儀等，李之藻因之著渾蓋通憲圖說，爲中國人所著第一部介紹西洋天文學的書．那時中國曆官泥於舊聞，違天益遠，而不知改作，乃有萬曆三十八年十一月日蝕，欽天監預推不驗的事．於是欽天監中比較開明的周子愚乃薦龐

徐文定公與利子瑪竇談道圖

迪我(Diago de Pantoja)熊三拔等人摘譯西法曆書．不過那時國家一切太忙了，竟沒有功夫來實行新法，雖有李之藻等，也是徒然．而西士輸入西法曆數之學的仍是不絕於聞：如熊三拔之表度說，簡平儀說，陽瑪諾之天問略，都是關於天文學的書．到了天啓時候，漸漸召用西洋人．至崇禎時，因爲徐光啓的努力，遂設立西洋曆局，邀同李之藻、鄧玉函(Jean Terenz)諸人主其事，並修造天文儀器等等．鄧玉函卒，又請湯若望等繼之．徐光啓這一些人努力西法的結果，成了崇禎新法算書一百卷．可是西洋曆法傳入，學習舊法的自不免爲之側目．崇禎時魏文魁起而指摘西法，至有東局、西局、大統、回回四局對立的怪象．後來雖然魏氏所說不驗，而兵事倥偬，西法究未能全采，便伏了後來楊光先之根．楊光先是徽州人，大約是回回曆的世家．明亡清興，湯若望、南懷仁等入爲欽天監．順治時回回曆官吳明烜反對湯若望而未成，到康熙時楊光先又起而反對，告湯若望等謀反．於是湯若望等入獄，廢西法，用回回法，以楊光先、吳明烜等爲欽天監．

但是這兩位實在沒有天文學的知識，推測俱謬，經南懷仁的指摘，於是湯若望之寃得雪，而西洋曆法又得復興，一場新舊中西的衝突，至是煙消雲散。

湯若望等爲欽天監，入清以後，重修儀器，並著新法表異、曆法西傳、新法曆引諸書。到了南懷仁，更添製了許多儀器，並將用法等等繪圖成說，是爲靈臺儀象志，南懷仁以後，繼之者很多。其時官纂的書則有御定四餘七政萬年書，曆象考成以及曆象考成後編。那時這一般西士所作的於增製觀象儀器而外，南懷仁則推定七政交食，成康熙永年表，測定諸星，紀利安等則製地平經緯儀。在天文學說方面，如湯若望之曆法西傳中對於西洋托勒美(Claudius Ptolemy)歌白尼（Nicolaus Copernicus）第谷（Brahe Tycho）和加利勒阿(Galilei)諸人的學說，都曾述及，只是遵守第谷，於歌白尼地動之說，不提隻字，曆象考成也一仍第谷之舊。到了乾隆時，德國人戴進賢（Ignace kogler）入爲欽天監，修訂曆象考成，成曆象考成後篇，對於曆象考成和崇禎曆書的錯誤，很改正了一些，刻伯勒(Johann kepler)的行星軌道爲橢圓說也因而傳入．奈端(Isaac Neivton)的學說也傳入了一點，只是萬有引力說還無踪影．一直到乾隆中葉，Geraldini（漢名不知）來到中國，著坤輿全圖說，才將歌白尼的地動說介紹過來．那時的學士大夫已有湯若望的說頭，盤據胸中，不相信歌白尼地動之說，先入爲主，眞是可嘆．不過西洋的曆法到底是傳入中國了，有清三百年，所謂回回大統，竟然絕跡．

利瑪竇諸人於傳入西洋曆法而外，同時介紹到中國而與曆法相關的便是數學同與地之學．中國的數學，在唐時曾列入考試諸科之一，宋元之間，尚不十分衰歇；楊輝李冶之流，先後都有所著述．到了明朝，明太祖把高頭講章的帽子給士大夫一戴，於是一般讀書人就鑽入了理學的窠臼裏去了，「士苴天下實事．」「昔聖人所以制世利用之法，曾不得之士大夫間，而術業政事，遂於古初遠矣．」明之末流，世事日非，一般文人學士且有傾心歌舞，以遺世變者．萬曆以後，西士東來，傳入製器尙象的實學，一些憂時之士吸收新知，遂起反動。如徐光啓、李之藻輩乃成爲新運動中之健將。西洋實學的根本總離不了形數，於是西洋數學乃植根中土。因爲數學是純理科學，只有確實不確實，無所謂是非，所以中國對於西洋的學問，在明清之際，雖時有消長，而數學的世系，卻能綿延下去，直到清季而未衰。最先介紹西洋數學到中國來的大概也要算利瑪竇。

利子到中國以後著乾坤體義，此書的下卷專門言數。到北京以後，與徐李諸人講習，因先譯數學書以爲西學立根本。所譯的第一部書便是幾何原本六卷。幾何原本的前六卷是希臘哲人歐幾里得(Euclid)所作。利徐二人所譯爲利子的老師丁氏(Clavius)所編，只譯到前六卷中的平面一部分爲止。徐氏譯此書很爲審愼，重複訂正，求合原意，凡三易稿。利子爲譯本作引言，又詳細述明幾何同各種科學的關係。到了清朝，頗重視此書，稱爲西學之弁冕，但是在明朝初譯出時，徐李而外無人注意，將稿本弄到南方，求人刊傳，累年無人過問。(幾何原本在歐洲中世紀時，註釋的本子甚多．傳入中國的，除利瑪竇徐光啓所譯丁氏本六卷以外，尚有白晉張誠 Bouvet and Gerbillon 二人，於康熙二十九年譯 Paredies 的實用幾何學 Practical Geometry 一書爲滿文和漢文，亦名幾何原本．數理精蘊中的幾何原本大約卽是此本而非利徐二人所譯之舊本也．）利瑪竇譯出的數學書還有李之藻傳譯的圜容較義，專論圜之內接外接等；又有測量法義，係徐光啓從利瑪竇譯出，是應用幾何學原理到實用方面去的．又有羅雅各（Giacomo Rho）摘譯希臘亞奇默德（Archimedes）的圜書等要題，成測量全義，其中計算圜周率到二十一位．以上是關於幾何一方面的．李之藻又譯有同文算指一書，乃是西洋算術傳入中國的第一部書，書中的比例級數，都是以前所沒有的．到了崇禎曆書告成，連西洋的平面三角弧面三角也傳入中國了．順治時薛鳳祚從穆尼閣（Joan Nicolaus Smogolenski）譯天步眞源，以加減代乘除，折半開方，乃是西洋對數術傳入中國的開始．到了康熙末年，西士進講內廷，輸入借根方程，一名阿爾熱巴拉，這就是西洋的代數術。不過那時西洋的代數已經發明四次方程式之解法，而康熙雍正兩朝所纂成的數理精蘊其中借根方比例，僅述及二次方程式的算法和應用。

輿地之學，首先輸入者亦為利子。中國以前對於西方各處的地理知識，大都是道聽塗說，沒有正確的觀念。及利瑪竇至中國，在肇慶時即繪有萬國輿圖，中國知有五大洲實以此時為始。後來利子進京貢物中也有萬國輿圖一種。龐迪我奉命翻譯西洋輿圖未成，艾儒略繼為纂就，是為職方外紀。此外尚有南懷仁等所合著之西方要紀，南懷仁之坤輿全圖，坤輿圖誌，以及 Geraldini 之增補坤輿全圖同圖說，都是明清之際傳入中國的西洋輿地之學。不過那時的中國太頑固了，對於這種新而正確的西洋地理學竟未能欣賞接受，反而說這些人所稱五大洲之說，語涉誕誑，疑為勦說讆言。所以終清之世，地理學未能有新的進步，只有劉獻廷一人對於人地相關之故有深切的觀察與了解。劉氏那時也是深通西學之一人他的這種見解只怕也不是偶然的罷！

因爲當時西洋人所著的地理書以及地圖之陸續傳入，一方面中國人對於世界地理的知識大進於前，一方面西洋人所繪地圖的精確，也漸爲中國人所認識於是乃有康熙時測定全國地圖之事，這是中國地理學史同文化史上可以値得紀念的一件大事，也是世界地理學史上的一件大事．康熙時地圖之測定，以北京近郊爲開端．於是白晉(Joachin Bouvet)雷孝思(Regis)杜德美(Pelrus Jartoux)等測長城全圖．然後北直隸、滿洲、蒙古、新疆、山陝、河南、江南、浙江、福建、江西、廣東、廣西、四川、雲南、貴州、湖廣等省相繼告成．經始於康熙四十七年(一七〇八年)，全圖告成於康熙五十八年(一七一八年)．此後中國所有的地圖無一不出於這一部皇輿全覽圖，其中最著名的就是胡刻輿圖．不僅這一部輿圖爲中國文化史上不朽之作，就是那時的教士測量之際，發見了經度長度因緯度上下而有不同，由此可以證明地形扁圓的事實．這都是很可紀念的事.

曆數輿地之學而外,同數學還有密切關係的就是物理學,湯若望著有遠鏡說,述遠鏡之用法、製法以及原理,這是西洋光學傳入中國的第一部書.萬曆時熊三拔著泰西水法,中述取水、蓄水各種機械,不過器具很是簡單.天啓時王徵從鄧玉函譯成奇器圖說,爲書四卷:第一卷言重心比重;第二卷述槓桿、滑車、輪軸斜面;第三卷述應用原理以起重、引重、轉重、取水及用水力代人力諸器械.器械的繁複,遠非水法一書所可比了.此外奇器圖說中並引有自鳴鐘說一書,大約也是述說力學上的原理的.

以上都是所謂科學而當時西士所傳入中國的.科學以外,哲學也頗有不少傳入.艾儒略著西學凡,對於西洋學問分爲文理、醫、法、教道六科.理科卽斐祿所費亞(Philosophia 哲學),是中復分五家:落日伽(Logica 論理學)譯言明辯之道,費西伽(Physica 物理學)譯言察性理之道,默達費西加(Metaphysica 形而上學）譯言察性以上之理，凡治三年始畢．第四年別治瑪得瑪第加（Mathematica 數學）究物形之度與數，及尼第加（Ethica 倫理學），譯言察義理之學，俱屬斐錄所費亞科內．對於論理學的介紹到中國來，有李之藻同傅汎際（Francisco Furtado）合譯的名理探十卷．名理探原爲亞理斯多德的論理學，之藻所譯有五公稱與十倫府，十倫府爲亞氏之舊，五公稱則博斐略所作，以爲十倫府先資者也．西洋的論理學與幾何學之傳入，同在三百年前，幾何學到後來日益發揚，論理學竟至連李之藻譯的名理探也沒有人知道了．李之藻又譯有寰有詮，「摘取形天土水氣火所名五大有者，而創譯焉．」全書六卷，大率摘譯亞理斯多德推論形天之有．卷首辨證萬物必有一最初者，此下五卷分爲圜滿篇、純體篇、不壞篇、動施篇、渾圜篇、均動篇、星理篇、星運篇、星圜篇、天星二解篇、物生滅篇、性數篇、元行生滅篇、相生篇、輕重篇，共十四篇，乃是歐洲中古一種解釋亞理斯多德物理學的書．此外畢方濟有靈言蠡勺，專言亞尼瑪（Anima），亞尼瑪即是宇宙的靈魂。高一志(Alphonso Vagoroni)則著有空際格致，闡明火氣水土爲宇宙間四大原行；熊三拔泰西水法卷首有水法本論，也暢明此事，雖未著明學出何人，一見而知其爲祖述希臘恩佩多克理斯(Empedocles)的學說。西洋中世紀的思想界上，亞理斯多德哲學的勢力很大，東來的教士，如利瑪竇天主實義中的物宗類圖，湯若望的主制羣徵，都曾提到宇宙四大原行，而次序却微有不同，大約都是受有亞理斯多德的影響的。那時西士所介紹的，大都爲希臘哲學，尤其是以亞理斯多德的哲學爲多，此外如柏拉圖、蘇格拉底之名，也同時見於李之藻所譯的名理探中，不過柏、蘇之學都未曾傳入。至於基督教倫理觀念之東來，更其顯然可見：龐迪我著七克，揭櫫驕傲、慳吝、迷色、忿怒、迷飲食、嫉妒、懈惰於善罪宗七端，而以謙讓、捨財、絕欲、含忍、淡泊、仁愛人、忻勤天主七德克之。這全然是一種基督教，尤其是天主教的倫理觀念。

那時西士東來，布道設教，需用宗教畫來啓示人的處所很多，所以傳入西洋畫，尤其是基督教的宗教畫，也自不少。自然，基督教宗教畫傳入中國，並不始於明末。本書第三章曾提到第九世紀後半期阿拉伯人伊賓瓦哈布在長安看見耶穌騎驢和諸門徒回耶路撒冷的像，是否可靠，雖不敢決，而元朝時候孟高未諾之以新舊約故事，繪六張聖畫的事，大致可信。但是西洋美術如繪畫之類傳入中國，爲勢很盛的，卻不能不推明清之際了。利瑪竇進呈諸物，即有天主母像，其後又送了好幾幅給程大約，刻入墨苑，一曰信而步海，疑而即沉，二曰二徒聞實即捨空虛，三曰淫色穢氣自速天火，四曰聖母懷抱聖嬰耶穌之像。湯若望又代葩槐國(Bavaria)進呈天主降生事蹟圖像，如今不得已中尚可以看見三幅。明清之際傳入中國的西洋畫既多屬人物，於是中國畫上最先受到影響的便是寫眞。在明代寫眞諸家中似乎受有西洋影響的便是曾波臣鯨，每圖一像，烘染數十層；這一派後來很盛，如莽鵠立、丁允泰、丁瑜都可歸入其中。到了清朝康、乾之際，並晉用了許多西洋教士，如郎世寧、艾啓蒙、馬國賢之流，供職畫院，中國方面的聞人有焦秉貞、冷枚、唐岱、陳枚、羅福旼、門應兆諸人，皆用西洋畫法，能於寸縑尺紙圖羣山萬壑，而焦秉貞的耕織圖參用西洋透視法以作畫，尤爲有名。嘉慶中如意館繪刊的授衣廣訓，便全是從焦氏耕織圖出來的。這些都是所謂畫院中人。畫院以外，散在民間而參用西法的有曹重、張恕、崔鏐諸人。（乾隆時蘇州桃花塢有西洋風的雕板年畫甚多；這也是西洋美術影響到民間的一斑。）至以中國畫家而慕化西洋文明的要算吳歷爲最著名。吳歷字漁山，清康熙時人，爲清初六大家之一，入天主敎，曾至澳門，預備去歐洲而未果。吳歷的畫雖看不出有西洋畫的意味，但是以名畫家而篤信天主，不能不推他是第一人了。

以上是繪畫方面，在建築同磁器中也有不少的西洋風味發見於明淸之際的時期中。西洋人初到中國，聚居澳門廣東一帶，居處房屋漸有模仿西洋的趨勢。澳門葡萄牙人的建築，高棟飛甍，櫛比相望，後來廣州的外國商館和十三洋行的房屋，也都是模仿西洋式的建築。至於教士傳教內地，樹立教堂，如萬曆時北京的天主堂，屋圓而穹如城門洞，明爽異常，這就是西洋教堂的形式了。民間採用西洋式的建築或西洋建築中的零件，想必也有，只是文獻不足。紅樓夢中也記有一二，雖是小說，可知其中也涵有事實。

可是明清之際，在建築方面，采用西洋方式最為勇猛和偉大的還要推官家。乾隆時幾次南巡，到一處都要點綴園林，那時揚州的澄碧堂即是仿十三洋行中的碧堂而作，徐履安作水竹居，也就是今日的噴水池；而其時規模最偉大，建築最宏麗的自然要數乾隆所建的圓明園和長春園了。圓明園風景佳絕，清初西洋教士在中國供職的，寄信歸國稱此為萬園之園(Jardin de Jardins)，其富麗可想而知。園中四十景最為著名。四十景中有水木明瑟一景，即是仿西洋的噴水池而做的。此外園中各處應用西洋裝潢如西洋橋，西洋門，西洋欄杆，西洋槅扇的也很不少。但西洋建築最多而又最偉大的，第一還要推長春園。長春

乾隆時長春園綫法山圖

園是清高宗仿聖祖歸政故典，預修此園，以備乾隆六十年壽登八十五以後優游之地，因爲是幾暇埸來游憩之地，所以修建的也特別精好。其中專仿西洋式的建築計有諧奇趣、蓄水樓、花園、養雀籠、方外觀、竹亭、海晏堂、遠瀛觀、大水法、觀水法、線法山、湖東線法畫，共計十二處。大都白石彫刻，瑰奇偉麗。咸豐十年（一八六〇年）英法聯軍入京，付之一炬，至今只遠瀛觀、諧奇趣等處，尚微有痕蹟可觀。據說那一些西洋建築，大都是模仿法國路易王朝的作風，由當時的耶穌教士如蔣友仁（Benoit）爲之設計；以後幾百年，中國就沒有見過這種偉大的西洋建築了。建築而外，明清之際的中國磁器，也時時可以見出西洋的影響來。磁器上采取西洋圖案，或仿西洋式製作的不少。北平故宮博物院有一室，專庋乾隆時所造的琺瑯器具，內中圖案竟十有七八是西洋風。那時對於西洋化的汲取，已很可觀。不過醉心西洋事物的大都是皇帝貴胄等等的一個特殊階級，而未及於平民；所以不能根深蒂固發揚光大。

天主教自利瑪竇入中國以後，其傳來的水法、火器、採礦、天文、數學、輿地、物理、哲學、藝術等等，中國的學術界都受有影響，並有人疑心清代考據之盛，與耶穌教士不無關係。這一說或者推測太過，不過清代學者如戴東原、劉獻廷諸人都博通西學，方法方面還可以見出西洋的痕蹟來。但是天主教傳入中國，從明季起，士大夫間就時有反對的。萬曆末，利瑪竇和王豐肅在南京，禮部侍郎徐如珂就很討厭他們，後來乃與侍郎沈㴶給事晏文輝等合疏斥其邪說惑眾；禮科給事中余懋孳且以之與

乾隆長春園遠瀛觀中柱門蹟殘側望圖

白蓮教相比。神宗爲其所動，遣王豐肅、龐迪我等赴廣東，聽還本國，熊三拔之卒死廣東，卽爲此故。南京方面因爲沈漼的緣故，且大事迫害，燒教堂，焚經書。不過這一次的迫害，並未成功，天啓崇禎以來，以外患日亟，應用西士日多，加以徐光啓等之力爲揩拄，天主教仍得照舊流通。不僅照舊流通，連宮禁中也有信教的，後來永曆皇太后皇后以及皇太子，相繼信教，且曾遣卜彌格（Michœl Boyn）上書羅馬教皇，求其保佑。那時候明朝已亡，永曆帝奔走西南，不絕如縷，皇室眼看局勢阽危，無可奈何，只好求助於天，希望羅馬教皇爲之禱告天主，保佑國家，立躋昇平。雖然全成夢想，其情也就可憫了。

天主教的傳行，因爲明末諸帝之信教及清世祖順治帝之寵用湯若望，因而得了很好的機會。但是後來因爲楊光先的反對，掀起了絕大的波瀾。楊光先徽州人，原爲回回世家，世傳曆學。在明朝的時候，因爲西洋曆法大盛，乘着沈漼諸人反對，也曾大發議論。沈漼諸人的反對，後來沒有收得結果，楊光先只好暫時消聲匿跡．到了清世祖順治帝時，上疏指摘曆書上依西洋新法五字的不當，世祖不理．世祖死後，聖祖康熙帝繼立，光先又上疏指斥湯若望等，以爲潛謀造反，邪說惑衆，曆法荒謬．其時康熙帝年幼，大臣輔政，於是湯若望等俱擬置重典，並禁止天主教流傳．山西、陝西、山東、江西省教會胥遭解散．光先又指摘西洋曆法的謬誤，和那時同調的回回曆官吳明烜取得了欽天監的地位．但是楊吳兩人對於曆法實在不知道甚麼，所進之曆差錯甚多，爲南懷仁所糾正以後，與南懷仁等相對考驗天象，又遭失敗．於是光先諸人相率免職，光先出京，至德州而死．不過楊光先之反對天主教，並不盡是謾駡，其所主張，一方面以中國的倫理觀念爲立場以指斥天主教人無父無君，一方面又從政治和國防的立場上反對天主教人，以爲山川形勢既爲其所知，而西洋人遠謀深慮，將來中國必受其害．這大都是中西思想上和國家利害上的衝突，不純然是一種仇視的心理．

康熙時，中國反對天主教的運動，到後來卒歸失敗，聖祖康熙帝且極力講求西學，高宗乾隆帝也繼續祖武，吸收一些西洋文明。但是乾隆中葉，竟至禁止天主教流行，西洋教士遭受貶斥，西學的萌芽也因而摧折，這其中卻別有原因。康熙時雖然昭雪了湯若望諸人的寃抑，而對於各省傳教，仍未開禁；到乾隆時禁例較前愈嚴。還有自明末以來，在中國的西洋耶穌會士，就分有兩派：一派於中國學問認識較爲眞切，對於中國祭天、敬孔、祀祖等禮俗，以爲並不違背基督教教義，如利瑪竇等耶穌會士就是這一派的代表。又有一派則不然，對於中國這種儀式，極力反對，如龍華民等就是這一派的代表；在明末的時候，這兩派的分野還不十分鮮明。到了清初，西洋的法國與葡萄牙互爭傳教東方之權，而在中國的耶穌會同多明我會又意見分歧，彼此致書羅馬教廷爭論此事，是爲傳教史上有名的儀式之爭。到一七○四年教皇格肋孟第十一（Pope Clement XI）在位，決意禁止中國奉教的人祭天、敬孔、祀祖，於一七○四年十一月二十日發布勅諭禁止並遣鐸羅(Chavles Maillard de Tournon)東來，解決中國印度一帶關於儀式所起的爭論，鐸羅到中國後，康熙很不以爲然，命鐸羅等出京，並令各教士願意照舊者，可領票傳教，願遵教皇諭旨者歸國。鐸羅那時在南京對於康熙此諭又發布了一道嚴厲的禁令，凡是教士不奉教諭者處以破門之律。這一來惹動了康熙的氣了，把鐸羅押送澳門，由葡萄牙人囚禁起來，一方面派耶穌教士至羅馬要求撤回前命。自然這種請求是不見許於那時的教皇，一七一五年教皇格肋孟第十一又頒布了 Ex illa die 教諭，重申禁令，並要教士一齊起誓遵奉。又派一次使臣到中國來，還是沒有結果。這次派來的使臣名嘉樂（Jean Ambrcse Charles Mezzabarba），到中國後看見形勢不好，自動的於教諭後面另加八條特許。到一七四二年，教皇本篤第十四(Bendict XIV)頒布了一道 Ex quo sinqulari 教諭，申明前旨。這一次的教諭，對於教會方面的爭論可算是止息了，而在中國方面卻仍然是沒有多大力量。雍正時曾嚴禁在華西洋教士暗遵教諭，乾隆時對於西教的取締，尤其嚴厲。各省教士被殺被逐者先後不絕，乾隆五十年以後，形勢尤其惡劣．到了仁宗嘉慶帝和宣宗道光帝繼位，西洋教士供職宮廷的一天一天地減少，到後來連欽天監中的西洋人也沒有了．天主教在中國的勢力竟因而潛伏了一個時期．直到鴉片戰後，中外正式通商，傳教規定於條約，而後天主教在中國才又擡起了頭．

參考書

關於明清之際西洋學術傳入中國的梗概，但燾譯日本稻葉君山著清朝全史和蕭一山著清代通史中都有專章記述其事．此外清華學報第一卷第一期有張蔭麟著明末清初西學傳入中國考略一文，敍述自西洋傳入中國的曆算科學哲學以及中國思想界上所受的影響，都很簡明得要，爲這一時期史事最好的參考資料．

分開討論明清之際傳入中國的西學的：數學，有李儼的各種著作，其中最重要的是中國數學源流考略，見北京大學月刊第一卷四號至六號，梅文鼎年譜見清華學報二卷二期，對數之發明及其東來，見中國十二卷二、三、六期，三角術及三角函數表之東來，見科學十二卷十期，明清之際西算輸入中國年表，見圖書館學季刊二卷一期。李氏又著有中國數學大綱，中國算學小史和中算史論叢俱已由商務出版。李氏著作詳細目錄，見北平圖書館館刊第四卷第五號。地圖學則有翁雯霓的清初測繪地圖小史，見民國十九年地學雜誌第三號，論述清初西洋人測繪地圖的經過和其成績，要以這一篇爲最詳明了。哲學方面，有系統的著作不多，關於聖奧斯定(St. Augustine)學說在中國的痕蹟，有徐景賢爲北平聖奧斯定千五百年紀念會作的紀念論文聖奧斯定與中國學術界一篇，可以參考。美術方面，本書作者在東方雜誌第二十七卷第一號中國美術號所發表的明清之際中國美術所受西洋之影響一文，勉強可以參考，不過裏面錯誤很多，尚待修改。

關於徐光啓的有上海天主堂李杕所編的徐文定公集一書，集末並附有李之藻的雜著。李之藻則有陳垣的李之藻傳。李氏譯的名理探有陳垣重印本。（寰有詮只有明刊本，甚難得。）利瑪竇有艾儒略所作泰西利先生行蹟，頗爲詳盡。

關於明清之際反對天主教的紀錄，蕭司鐸的天主教傳行中國考，黃伯祿的正教奉褒都敍述得很詳；清朝全史、清代通史也可以參考。楊光先反對西教著不得已，以前很少傳本，最近南京國學圖書館影印此書，書末附有楊光先的傳，可算是最好的本子。

在英文方面，我要介紹 Prof. K. S. Latourette 所著的 A. History of Christian Missions in China. 1929 一書給讀者。這一部書材料豐富，敘述明潔，態度也好。聖教史略、天主教傳行中國考、正教奉褒都嫌宗教家的氣味太重了。Prof. Latourette 的書，却沒有這種毛病，純然是歷史家的態度。

康熙時羅馬教皇與中國所起禮俗之爭端，最近北平故宮博物院印行之文獻叢編第六輯中有康熙與羅馬使節關係文書一篇，共收上諭、章奏以及教皇格勒門第十一所發布之一七一五年禁諭譯文凡十四篇。康熙時與羅馬教皇爭論情形，在此可以見其梗概。又書中第十二篇康熙五十九年十一月十八日諭蘇霖白晉等西洋人的上諭和格勒門禁諭以及御筆批改的原本，自從在故宮清出以後，北平輔仁大學有影印本，附有陳垣的跋，於此次爭議，有所論述，亦可參考。（民國二十一年三月，故宮又將此等文件原本上石影印成書，名爲康熙與羅馬使節關係文書影印本，卷首有陳垣敘錄於各書年代，考證甚詳。二十一年九月補記。）

問題

一 歐人重來中國後，對於中國文化那一方面上發生了影響？

二 中國學藝上所采用西法最早者是甚麼？ 當時有何需要？ 那一方面的影響最大？

三 因曆法而輸入的西學有甚麼？ 因製作而輸入的有甚麼？ 試歷舉之。

四 除了天算、輿地、物理、水利外輸入的西學還有甚麼？試歷舉之？ 對於中國學術上有無影響？

五 明末清初基督教在中國情形怎樣？ 後來何以又潛伏？

第八章　十八世紀之中國與歐洲

中國自萬曆以後，西洋教士東來，布道開教，西洋的各種學問，也陸續傳入中國。明清之際的西學，雖未能即植根基，而有待於後來，但是在中國文化史同中西交通史上，自明萬曆以至清乾隆的二百年間，實是很可紀念的一個時期，中國後來之維新運動，雖謂爲萌芽於此時，亦無不可。同時這些西洋教士東來，其中有不少的人仍歸故國，有不少的人則以東方的消息傳布鄉邦；東方的物事也有不少傳到歐洲。在十八世紀前後，歐洲正是浪漫主義的時代，冥心遐想於異國奇物，東方的中國，遂在這一個時代裏形成一個波瀾，其動人心目，正不下於明清之際的中國呢。

最可以看出這種趨勢的，便是建築和各種裝飾上面的羅科科（Rococo）主義。歐洲在路易十四時代，生活的各種方面都呈露一種嚴肅拘謹的意味，路易十四一死，起了反動。所謂羅科科者，就是十七世紀後半至十八世紀風行於法德以及中歐諸國的一種解放運動，打破以前文藝復興所有的紀律與組織，自行采取一種活潑不羈的線與面，以表見那種精神。哲學家的論調，喜歡用兩可之辭，文學方面則小品盛行，色調方面也放棄以前的鮮明而改用一種灰色的調子，漸漸溶開，而無斬截的分別。這種風趣，完全是模倣中國的作風而來的。最可以看見的便是磁器。在十六世紀時，意大利的佛羅棱薩便有人仿傚中國的磁器，白地上面繪以深藍色的花紋。其後由意大利傳到荷蘭，又研究一種雨過天青的顏色。到十七世紀中葉的開始，這種工業便遍傳到歐洲各處了。大率是模倣中國的形式和花紋。最初是傳到法國，由法國又傳到德國，而眞正的白磁則是一七一〇年方才在歐洲發明成功。發明者爲步特格（Böttger），磁器上的繪畫都模倣中國，或含有中國風的意味在內。

磁器以外，羅科科時期中可以稱述的便是中國漆器的傳入。在十七世紀時，法國宮廷即從中國運去不少的漆櫃，不過那時還視爲稀有之物。到十七世紀末年，日益普遍了，歐洲的漆器業也因中國漆器的傳入而逐漸發達，其中以法國爲最盛，法國又以馬丁一家（Martin family）所製爲最精，所用花卉圖案，多仿中國同日本的樣式。法國宮廷中滿貯這種漆器。到了一七三〇年，法國製品竟可與東方來的媲美。法國文豪福祿特爾（Voltaire）很稱贊這種漆器。最初的漆器多屬室內各種用具，如有屜漆櫃上繪牡丹之類，後來連自東方輸入的肩輿也施以漆繪了。法國固以精於製造漆器著名，而英國、荷蘭、威尼斯也相繼而起，以此擅長。同時自中國輸入的綢緞爲數也是不少。法國後來仿着製造，印染織都采用東方花樣。那時法國人很有喜用洋貨的風氣，法國雖然仿造中國的製品，價格也較爲便宜，但法國人仍是看重眞的東方貨品，所以當時憂時之士，很是傷心，以爲法國人不可救藥云云。因爲印染模仿中國，所以如梔子等顏色也從中國傳入了。同綢緞一併傳入歐洲的還有繡品。以前歐洲流行的繡法都是平針，此時盛興堆絲（floss silk），大約同所謂顧繡差不多，這又是受的中國影響了。又有一種於繡品上施以繪畫的，名爲針繪（needlepainting），也於此時傳入法國。針繪以外，並有花布同花紙之屬。

磁器上精細的色調和綢緞上鮮豔的顏色，使得羅科科時代添加了不少的美好，於是繪畫方面如華多（Watteaw）諸人，也就采取中國的事物和畫法了。蔚藍色的遠山，是華多生平所沒有見過的；暗色的流雲，單色的背景，這些都是竊取中國畫的緒餘。不過那時的畫家，要從中國畫裏滿足他們的好奇幻想的心理，對於中國的花鳥之類，雖都讚歎不置，而一論到中國畫中的人物，他們因受過古典的希臘派的陶冶，輒多加以非議，可是又不能不用中國人物，便弄出一些歐洲人假充的中國人形來了。所畫的都是全憑自己的想像加以不正確的知識創造出來。他們並不知道中國畫也是從觀察自然得來，只取那些纖巧的線條同色調，來滿足那時虛幻的渴想。甚麼法度；在羅科科時代是破壞無餘了．如華多，如柏朗(Bérain)，如吉樂(Gillot)，如畢也孟(Pillement)都是這一時期中的聞人．在建築方面，中國式的亭園建築也曾風靡過一時．中國式的寶塔，雕花的窗櫺，中國式的亭子，都點綴到西洋的花園中了．十八世紀一位耶穌會教士巴德尼(西名 Père Attiret)供職北京宮廷，曾寫信回國，盛道圓明園之好，以為「在這些地方無論結構以及工作都宏麗極了，這是我有生以來所沒有見過的．中國人建築的變化與複雜，不能不佩服他們的天才．拿我們的一比較，眞是貧乏極了．」巴德尼又力詆西洋建築整齊劃一的單調，以為「我們只是平均與對稱，不能單獨分立；絕不許有一絲一毫出位，各部分都要彼此相稱．」巴德尼對於西洋建築的不滿意，正可以代表羅科科時代的風尙和要求．所以後來巴威略(Bavaria)的路易第二(Louis II)竟要模倣圓明園重修一所，雖然沒有成為事實，那時西洋對於中國建築的醉心，也可見一斑了．不僅如此，在羅科科時代，藝術的理論以及中國式的茶社等等，也波及到歐洲的社會上其醉心華化,正和現今的中國醉心歐化相彷彿.

在十七、十八世紀的時候,在中國的西洋教士將中國經籍譯成西文,寄回本國的很是不少.最初是利瑪竇曾將中國四書譯以西文,寄回本國.艾儒略說「國人讀之,知中國古書能識眞原,不迷於主奴者,皆利子之力也.」而柏應理於一六八二年回歐洲,曾以教士所譯華文書四百冊呈獻教皇,這種數目眞是不小.教士所著論述中國的人也自很多.這一種東方哲學和風俗的書籍正在十七、十八世紀唾棄舊日的嚴肅而夢想奇境的時候傳入歐洲,自然要引起一番影響.在啓明時期中受中國影響最爲顯著的要算德國的萊伯尼茲(Leibniz).萊伯尼茲曾細讀過當時譯出的中國經典和紀載中國的書,曾同到過中國的西洋教士如閔明我(Filippo Maria Grimaldi)之流接過談,通過信.據萊氏的意思,理論的和哲學的科學如曆算名理形上之學,西方自然勝過東方,但是一說到實踐的哲學,就不能不推東方獨步了.他的靈子說(Monad theory)

據說就受有中國的道的影響。萊伯尼茲創立柏林科學社，用意就在溝通中國同歐洲的文化。後來如佛蘭克(A. H. Francke)如武爾夫(Wolff)都多少受有萊伯尼茲的感化。而在法國，福祿特爾也是熱烈贊美中國的一人。他也同萊伯尼茲一樣，向往於中國的實踐道德。並改編中國元人的趙氏孤兒一劇，贊歎不止，以爲這是了解中國精神的頭等好材料。後來的百科全書派人對於中國哲學的見解，卽是全從福祿特爾得來的。這一派人中有一位博瓦勒(Poivre)的，著有一部哲學家遊記(Travels of a Philosopher)其中有幾句話：「若是全世界都采用了中國的法律，那豈不是好。到北京去！去看那最有威權的人：這才是上天的眞正完備的影像呢！」一狂熱的神情，在今日幾乎令人不敢相信這是歐洲人說的話。盧騷(J. J. Rousseau)卻同這些歌頌中國的人正是相反，他在科學藝術有害於德性論一文中就用中國來證明科學藝術之無益而有害，福祿特爾的趙氏孤兒一劇，也就是針對盧騷之言而發的。

當中國的康熙末年同雍正初年（一七二三年）意大利傳教士馬國賢(Père Ripa)，自中國回國，在意大利那不勒斯建立一所中國學院，由教會出錢，以養成到東方傳教的教士爲目的。馬國賢曾帶了五位中國青年到意大利，後即肄業學院，其中著名的是顧約翰(John Ku)和殷約翰(John In)兩人，後來都回到中國來傳教。那不勒斯的中國學院來學的不少，乾隆時英使馬戛爾尼(Lord Macartcey)到中國來，有兩位中國舌人就是中國學院畢業的學生。此外十八世紀到歐洲去的中國教士還有許多，在馬國賢以前同柏應理到英國的有江寧人 Chin Fong-Tsong。又有一位姓黃的留居巴黎，娶法婦爲妻，竟死其地，對於當時法國的中國學家影響很是不小。十八世紀時法國的經濟學家杜爾克(Turgot)即同中國姓高(Kó, or kao)和姓楊(Yang)的兩位青年往來很密切，杜氏的中國問題集(Questions sur la Chine)和富之生產及分配的考察(Peflexions sur la Formation et la distributim des Richesses)二書，即是爲高楊二人而作的。杜爾克以外，在經濟學說方面受有中國學說影響的，是重農學派中的克斯奈（Quesnay）。克斯奈以爲農爲財富之本之說，蘇格拉底、伏羲、堯舜以至於孔子，俱作如是觀云云。其後法皇路易十五且因克斯奈的主張倣傚中國，而爲親耕籍田之舉。克氏死後，他有一位學生於他落葬時，致演說詞，以爲「人性從天受來，本來是光明美麗的，只爲愚昧和私慾所蔽，所以孔子的志向就在把人類回復到原來光明美麗的境界裏去，教人們對於上天要敬恭寅畏，要愛鄰如己，要以理來節制私慾。我們的老師就是如此致力的云云。」克氏既然想承繼孔子的道統，所以竟有人稱之爲歐洲的孔子。

在這啓明時代以後，歐洲還有一位同中國關係很深的文學家，便是德國的歌德（Goethe）。歌德的一生雖是跨在十八世紀的末葉與十九世紀的初葉之間，但是他的精神實是汲取的十八世紀的緒餘。歌德幼年即受有中國的印像，一七七〇年到斯德拉斯堡（Strassburg）以後，正式翻讀當時所有中國六經的譯本。此後對於中國詩同建築都有所批評，在他所著情感之勝利（Triumph of Sentiment）一書中都可以見出。而他所著的 Elpenor 是一齣悲劇，即很受有那時所譯中國的趙氏孤兒一劇的影響。至於他的戲劇中應用中國風味的背景、道具以及人物的更是不少。一八一三年至一八一五年普法之戰，歌德在這幾年中放棄一切專心研究中國的學問。正在來卜錫（Leipzig）戰前，局勢最爲緊張之時，而歌德的研究中國也最爲起勁。歌德後來愈益傾心於東方的靜的發展，而致力於範疇或型式的構成。到一八二七年至一八二八年已是暮年了，他的這種傾向更是顯著。東方在他的作品中已是象徵化了，所以他在浮士德（Faust）中有「結了晶的人性」（Crystallized humanity）之語，結了晶的人性，即是指的中國人而言，也就是暮年的歌德所祈求的境界。他的中德歲時記（Chine sische-deutsche Jahres und Tageszeiten）就是此時的作品。歌德校讀過好逑傳，讀過英譯本老生兒，翻譯過百美新詠，說中國女人是最可愛的，又讀過花箋記，很爲記中的情節和描述的景物所動。

到了十八世紀後半期，歐洲的這種狂熱漸漸地過去了。中國與羅馬教廷關於儀俗的爭論，使歐洲對於中國以前的夢想起了反動。耶穌會士在歐洲逐漸衰歇，法國竟至將此會解散，遂失去了重要的中國宣傳者。那時重商主義代替重農主義而興，歐洲人的思想已從愛和平轉而爲好動。對於中國所重視的不是古國的禮教、風俗、文物，而是輿地和出產了。在思想方面則古學復興，對於希臘羅馬研究的興趣復盛。龐貝（Pompeii）和赫鳩婁尼思（Herculaneum）兩古城發見，古希臘羅馬的裝潢，復顯於世，於是以前的羅科科式作風，竟爲時人所唾棄了，色調方面也從纖巧細膩而趨於明快雄渾。到了十九世紀，則印度的神祕主義又籠罩了歐洲的思想界，同前一世紀的中國正有相伯仲之勢。

參考書

這一個問題所有的中文參考資料很少。關於杜爾克的有北京大學社會科學季刊第一卷第一期李永霖著經濟學者杜爾克與中國兩青年學者之關係一文，詳述杜爾克與高楊兩教士交往的情形，可供參考。關於歌德的有小說月報十七卷號外中國文學研究中德國人衛禮賢(Richard Wilhelm) 著的歌德與中國文化。本篇大半取材於德國雷赫完 (Adolf Reichwein) 所著的中國與歐洲(China and Europe)一書。此書導言，吳宓先生曾爲譯登學衡，全書譯者，未聞有人。又民國二十一年三月北平圖書館與德國研究會合編葛德紀念特刊及同年八月二十二日天津大公報文學副刊陳銓之歌德與中國小說，俱可參考。

問題

一　歐人東來後，歐人有無受了中國文化的影響？　有何種運動可以代表？

二　何謂羅科科主義　何謂羅科科時代？　在何時？

三　羅科科時代的藝術對於中國文化受有怎樣的影響？　哲學上受有怎樣的影響？　經濟思想上受有怎樣的影響？　文學上有怎樣的影響？

四　當時歐人意識的中國是怎樣的？　此種意識到何時纔變更？　怎樣的變更？

第九章　十三洋行

自十六世紀東西交通的海道發見以後，西洋諸國同中國的交通一天盛似一天．在文化方面，明清之際的西學，雖只植了一點根芽，而未能大成；明朝將亡的殘局固然未能挽回，清初的西學也只曇花一現．可是就文化交通史的全體而言，這一時期的收穫，也就算是開以前千餘年未有之局了．其後同光時代中國的維新，說是導源於一二百年前，也不爲過．這是文化方面的情形．在經濟方面，自十六世紀以至於十九世紀之初鴉片戰爭以前，中國同西洋也有很顯著的關係．如今且先說西洋．

西洋同東方的貿易，十六世紀時，完全在葡萄牙人的手裏．到了十七世紀，荷蘭人繼葡萄牙人而起．葡萄牙人的東方海上貿易全然爲荷蘭所奪，十八世紀的前半期，葡萄牙船爲荷蘭所有的卽達三百艘．以前所有對東方貿易的公司，至是都為荷蘭東印度公司(Putch East India Co.)所併吞了．在一六〇三年至一六九三年之間，從東印度，尤其是從中國輸入歐洲的貨物價值每年至一百二十兆利佛爾(livre)後來還兩倍三倍於此數．到一六五三年，公司贏利五十一兆利佛爾，到一六九三年，幾乎近一百兆了．中國貨物輸入歐洲之速於此可見．所以在一六〇二年至一七三〇年間，荷蘭東印度公司分紅金有三百兆馬克(marks)，每一股分紅利百分之二一・一七．到後來荷蘭東印度公司內部腐敗，營業遂至一落千丈，一七三〇年以後竟虧到四百兆馬克．於是英國人遂乘之而起．在十七世紀末葉英國從東方運到歐洲的貨物，一年就值到十八兆馬克．而從祕魯和墨西哥流入西班牙的金銀，又到甚麼地方去了呢？據福祿特爾說，這些錢都落到法國人、英國人和荷蘭人的荷包裏去了．這些人在卡的士(Cadiz)做生意，把所有的出品又運到美洲去．而大部分的錢則流入東印度，用來買絲、綢、香料、硝石、糖、茶、織品、金鋼石和古董去了．這一時期歐洲同東方的貿易，從那時歐洲金銀的增加也可以看得出來。在一五〇〇年，歐洲金銀塊的供給，金塊約爲八、三六九、〇〇〇兓，銀塊爲七七、〇〇〇、〇〇〇兓，到一四九三年至一六〇〇年，金增七五四、〇〇〇兓，銀增二二、八三五、〇〇〇兓。一六〇一年到一七〇〇年，金增九一二、〇〇〇兓，銀增三七、八三五、〇〇〇兓。這是歐洲同中國通商以後在經濟上所生最顯著的影響。

中國方面的情形正不下於歐洲。中國在明以後，同西洋交通貿易，最重要的場所就是廣東。廣東之同海南諸國交通遠在漢武帝時，徐聞合浦爲中國通海南諸國發船之所。六朝時候，廣州同外國的交通大盛：當時以爲廣州刺史但經城門一過便得三千萬，而國家所須，取給於廣州的也自不少。到了唐朝，阿拉伯人興起，南海方面海上貿易極盛，唐時曾設立市舶司，以掌海外通商事宜。市舶司到底設於何時，今不之知，最早的市舶使是開元二年（七一四年）的周慶立，然則市舶司之立，在西元六七世紀便已有了。那時廣州，中外稱爲廣府，廣州城下的海南諸國如波斯師子崑崙船舶，雲屯霧集．外國人同基督教徒住在廣州的至十多萬人．外國人所住的地方名爲蕃坊，有蕃長，以管轄蕃人，依本國法處斷，有人說這就是治外法權的發端．蕃船入港，有舶腳、進奉、收市等名目：船腳相當於今日的進口稅；進奉則是專指進貢的貨物而言；收市則是宮廷收買所需各外國貨的名稱．收市的價格大概比普通要高兩倍．宮廷收買過以後，才准一般人民自由買賣．

到了宋朝，對外貿易制度才算完備了．在廣州、寧波、杭州、泉州地方置市舶司，以掌理徵收關稅和商人一切事務等等．外國商人之有蕃坊，大致與唐代無異．不過宋朝的對外貿易完全是官府獨占，於京師置榷易務，市舶司交付市舶本錢，由宮中派遣內侍經理其事，蕃商攜來的香藥、犀牙、眞珠、龍腦爲當時重要的輸入貨品，由政府全部收買，名爲和買．和買的貨物送京師榷易務，以高價賣出．禁止民間自由買賣，犯者處重罪．禁榷以外的貨物抽分以後，由商人購入，許其在市上發賣。其時設有牙人以評定貨價，名爲船牙；牙人乃是貨主同買者之間的中間人也。

元朝也仿宋朝的辦法，於上海、慶元、澉浦、泉州置市舶使，取締市舶。並且由官府自備海船，選取賈人派赴海外貿易，所得利益賈人得三分，其餘七分歸官。至元三十年（一二九三年）制定市舶則例，那時所設的市舶司有廣東、溫州、澉浦、杭州、上海、慶元、泉州七處。對於官吏人等出資經商以及偷運貨物等事俱嚴厲禁止，只准商人從事貿易。這種商人有舶商同海商的分別，舶商經營海外貿易，海商通商南洋，市舶司對於本國海船出海的規程定得很是詳密，出海時俱須受市舶司的公驗，對於船上一切都要詳細書明。航海時並行保甲制度。外國船到中國來，所攜帶的金銀珠玉，皇帝以外不許賣給任何人。皇帝則有船牙十二人以專理此事，任貨物評價之職。這種船牙，大約即是後世洋行的濫觴了。

明朝如太祖成祖都有很大的野心，成祖之極意經營南海即可見一斑。廣東、福建、浙江都設有市舶司：寧波與日本交通，泉州則近取琉球，廣東則與占城、暹羅、西洋諸國來往．泉州有來遠驛，甯波有安遠驛，廣東有懷遠驛，都是安頓外商的處所．不過明初的市舶司，對於國外貿易只許以入貢的形式行之：「貢船爲王法所許，司於市舶，貿易之公也．商船爲王法所不許，不司於市舶，貿易之私也．」當時也興牙行，同元朝的舶牙一樣，爲貿易的中介．隆萬以後西洋如葡萄牙諸國人相繼東來，至廣東通商，於是以前入貢的制度，不能復行，那時廣東文武官吏的月俸也多用番貨代替．一禁止通商，番舶不至，於是公私都窘迫起來．恢復同外國通商以後，則抽分（即是抽稅）可以供御用，可以充軍餉，可以上下交濟，可以使小民衣食其中，所以明朝末年禁止廣東同外國通商的事，竟沒有辦到．

明亡以後，鄭成功據臺灣，反抗清朝，支持明朝的殘局，縱橫海疆一帶，清初所以有海禁之起．康熙二十二年（一六八三年）鄭氏既降，於是始解海禁，許船隻出海貿易.康熙二十四年(一六八五年),恢復浙江、福建、廣東的海關,許外國人貿易.浙江由巡撫,福建由將軍兼理海關監督.廣東則特派滿人爲海關監督,外國人稱之爲 Hopoo,這卽是戶部,因爲廣東的粵海關是歸戶部管的.那時外國方面,英國代葡萄牙而起,活動於澳門、廣東、廈門等處,最後選定舟山列島中定海的紅毛館爲居留地.而中國則不之許,只准其仍在廣東貿易.

康熙以後中國同外國貿易,大概以對英爲最多.葡、荷兩國都已衰歇,英國起而握東方貿易的樞紐.這兩國的貿易彼此都脫不了專賣一途:英國方面有東印度會社(East India Company)來壟斷一切,中國方面也有所謂行商操縱中外貿易的大權.中國的行商,卽是宋元以來舶牙同牙行的蛻變.清朝之有此,大約起於康熙四十一年(一七〇二年),那時有一種官商,由官府指定一人爲經紀,與以獨占中外貿易的特權:外國人經彼之手以購入絹茶等貨,輸入的外國商品也經由官商之手以流通國內,外國商人同中國商人以及中國官府，都由特許官商爲之中介．後來因爲這種制度很有流弊，遂改爲行商；或名公行制度，由一人獨占的官商分而爲若干行來共同擔負對外的貿易．這種制度只限於廣東一處．外國商貨入境徵收稅項，以及外國商人的管理等事，全歸這些行商負責；各公行負債，則彼此連帶責任．到乾隆二十二年（一七五七年）封鎖其他海港，專限廣東一處同外國通商，於是這種公行制度才實行確定．

廣東的公行，一稱爲洋行的，即是一種基爾特制度的組合．清初，廣東的貿易全握在這種行商的手裏．乾隆十六年時候這種商人有二十八家，二十二年減到二十六家．行商中又因地域而分，乾隆二十五年（一七六〇年）計有外洋行「專辦外洋各國夷人載貨來粵發賣輸課諸務，」共有九家，本港行「專管暹羅貢使及夷客貿易納餉之事，」共有三家；福潮行「報輸本省潮州及福建民人往來買賣諸稅，」共有七家．後來公行因爲負債太多，曾一度由官府將公行制度廢止．乾隆四十七年左右，又行恢復對西洋貿易的公行，並規定爲十三家.（至於十三行的名稱,則清初卽已有之,屈大均翁州詩外卷十六廣州竹枝詞可證也.）本港行到乾隆十年左右因爲三家負債,遭官府革除,以至消滅.所有事務,雖由外洋行代管,終於不振.洋行本身也因排場過大,負債倒歇,所有數目也時有增減.李調元時十三洋行只存豐進、泰和、同文、而益、逢源、源泉、廣順、裕源八行.乾隆時泰和行欠債到一百多萬元,裕源行有四十幾萬元,當時洋行欠債之巨,可見一斑.道光四十七年閉歇同泰行,八年閉歇福隆行,其後又有東生行,都因拖欠外國商人的款項,以至倒閉.到南京條約時,十三洋行的名目是怡和行（外國書稱此爲 Hawqua,卽伍浩官官名伍紀榮,刻粵雅堂叢書的伍氏就是這一家的後人）廣利行（Mowqua,盧茂官,盧繼光,）同孚行（Ponkhequa 潘正煒,潘紹光,）東興行（Goqua,謝鰲官,謝有仁,）天寶行（Kinyqua,梁經官,梁丞禧,）中和行（Mingqua,潘明官,潘文濤,）順泰行（Saoqua,馬秀官,馬佐良,）仁和行（Punhoyqua,潘海官,潘文海,）同順行（Samqua,吳爽官,吳天垣）孚泰行（Kwanshing 易昆官易元昌，）東昌行（Lamqua 羅福泰）安昌行（Takqua 容有光）Hintes Háng(Sunshing 嚴啓祥.）

十三洋行因爲握有中國對外貿易的特權，無論輸入輸出都得經過他們的手，所以最容易發財而成爲大富豪.清初時候廣東有銀錢堆滿十三行之諺，彭玉麐也說「咸豐以前，各口均未通商外洋商販，悉聚於廣州一口.當時操奇計贏，坐擁厚貲者比屋相望.如十三家洋行，獨操利權，豐亨豫大尤天下所豔稱；遇有集捐之事，巨萬之款，咄嗟可辦.」道光十四年（一八三四年）時，怡和行伍浩官的財產一共達二千六百萬元美金，合現時一萬萬多，在當時世界上也是有數的富豪.十三洋行之富，於此可見一斑了.關於十三洋行的瑣瑣屑屑，也很有足以資談助的地方.洋行商人因爲同外國人接洽的機會多，所以容易感受歐風，第一個表現就是西洋式房屋.十三洋行在廣州幽蘭門西（至今廣州還有十三行街的名稱），結構與洋畫同.中有碧堂，連房廣廈，蔽日透月；揚州的

十九世紀初葉世界上之大富豪伍紀榮像

澄碧堂即是仿此而作不僅房屋建築，即是器物之微，也多采用洋式，如十三洋行的著具白地彩繢精細無倫，且多用界畫法，能分深淺，而因同洋商交易，於是所謂 Pigeon English 的也隨之而產生了。

凡是洋行商人都要從戶部領到一種部帖，請領部帖，須交納帖費，有時要費到二十萬的光景，得了部帖之後，加入洋行公所，由洋行全體作爲保證，一行破產全體負責，後來洋行設立總先試辦幾年，有了成效，方准正式開辦，洋行設立公所，議有條規：對於同洋人買賣的價格，要同行公議決定，與洋人私行買賣者處罰，內地運到廣東的貨物要賣給洋人，也得由同行集議，公定價格，不遵者罰，與洋人交易宜正直，負綠茶斤兩證明的義務，嚴禁攙雜他物，對於磁器的買賣，一任他人，不過洋行要抽取百分之三十的稅，這是比較重要的，中國那時同外國的貿易情形，在這些規條中可以見出大概來。

當時外國船到了廣東，船舶貨物都要課稅，由澳門到香山，通事同引水人徵三百二十五兩至四百兩。到了黃埔，要補充糧食的特許狀以及雇用買辦要徵五十兩至一百十六兩。到了埠頭，再要徵收船鈔。此外還要收取其他的費用，如屬四百二十噸的船，正稅收八百四十兩二八五，合其他各種費用，一共要二千六百六十六兩六六七。這是船舶所要徵取的稅。至於外商貨物則於船到黃埔後，商人卽寄寓夷館（factory 這是外國商館，爲數也有十三，由十三洋行商人建造，租給各國商人）。貨物搬上交給行商，於是貨主拱手無爲，一概聽行商處置。海關對於輸出輸入的貨物課稅都很重，如棉花百斤，正稅爲一兩五錢，此外正當的附加稅二錢五釐，不正當的附加稅達一兩五錢。茶的正規課稅每百斤一兩二錢七九八，實際上的課稅要到六兩。歸入官府，算是國家正式收入的正稅，眞是微乎其微了。

到廣州貿易的外國商人，只能住於夷館，受有嚴厲的限制。嘉慶二十四年（一八一九年）頒布八條規則，大致：禁止外國兵船進入虎門；婦女、槍礮等不準帶入夷館；外國商人所雇諸人俱須在澳門同知處登記，每一夷館只准雇用八人；不許外人在河中泛舟取樂，洋人不得直接請願，須經行商之手；行商不得欠外國商人的債；外國船到廣東應直泊黃埔，不得遊行各處。這些規條都由行商負責，監督洋人實行。

號稱夷館的外國商館，自東至西爲荷蘭、英國東印度公司、英國、瑞典、比利時、美國、法國、西班牙、共是八國。共十二行。中以東印度公司爲最有勢力，同中國的十三洋行一樣，也是采取獨占貿易的政策的。英國東印度公司創始於一五七九年，其後又有一新公司出現。到一六〇〇年，兩公司正式合併，改名聯合東印度公司，壟斷中國的貿易。在廣東設立永久的組織，管理英國在華的商務。於國家特許狀的範圍以內，實行獨占的貿易，自好望角至麥哲倫海峽之間，所有中國茶的貿易，嚴切保有其專賣權。在國內市場，也以東印度公司的地位爲最高，公司的職員在規定的範圍以內，可以自行做生意。中國同印度之間的貿易，

鴉片戰爭以前廣州之外國商館圖

英印人民都可參加，不過要向公司取得執照．這是英國對華貿易的概況，同中國的十三洋行政策似乎正同．英國不堪於中國十三洋行的軋取和官吏的剝削，東印度公司於乾隆二十年（一七五五年）特派總商哈利遜（Harrison中西紀事作喀喇生）通事洪任輝(Flint)至寧波通商，都未能達到目的．但是英國之想自由貿易的心思無已．乾隆五十八年英國遣馬戛爾尼（Lord Macartney）正式通使中國，謁見清高宗，要求自由通商，在浙開港，並通市天津，又要援俄羅斯例遣人寄住北京．馬戛爾尼的請求自然無一能夠實現，中英第一次的正式通使也告失敗．但是中國的新局面也快要展開了，道光十九年（一八三九年）鴉片一戰，中國同外國的交通方始急轉直下，由蒙昧而入於明顯．這一個大轉機時期，將於第十章中述其要略，今不能贅．至於中英貿易的激增，觀下列歷年外商來廣船隻表可知，今附錄本章之末．

歷年外商來廣船隻表 依據中國通商圖

國別	一七三六	一七八九	一八三三—一八三四	一八三四年十月二日 泊黃埔者	一八三四年十月二日 泊零丁洋者	由中國至大不列顛船舶 一七九三—一七九四 船數	由中國至大不列顛船舶 一七九三—一七九四 噸數	由中國至大不列顛船舶 一八三一—一八三二 船數	由中國至大不列顛船舶 一八三一—一八三二 噸數
葡萄牙		三	二三		二				
荷蘭		五	六						
丹麥	一	一	五	一	一				
瑞典	一		一	一					
法國	二	一	六						
美國		一五	七〇	八	一〇				
漢堡			三						
墨西哥									
西班牙									
英國	四	四〇	一〇一	三八	二〇	一八	一七、三四六	二二	二七、九四〇

東印度公司	二一						
總計	八六	二一五					

參考書

關於十三洋行的貿易情形，清朝全史和清代通史中都可以看出大概。武堉幹君的中國國際貿易史也有專章論此，可以參考。至於本章則多半取材於日文支那第二十一卷第五號（一九三〇年五月）根岸佶的廣東十三洋行一文，以其中材料多有爲上述諸家所未說過者也。夏燮的中西紀事也是這一時期的好參考書。

英文書中以 H. B. Morse: The International Relations of the Chinese Empire 的材料爲最豐富。H. F. Mac Nair: Modern Chinese History Selected readings 一書，節取各家原書，纂輯成篇，也甚爲簡明可取。

（民國二十一年三月二十六日出版清華週刊第三十七卷第五期有梁嘉彬先生著廣東十三

洋行考一文不少發明，多為東西學者所不及知者．惜全文未就，只成序篇！二十一年八月作者補誌．）

問題

一 歐人東來後除了宗教和學藝的交通外還有甚麼重要的交通關係？ 首來者何國？ 繼至者何國？ 最後關係最重要者何國？

二 歐人東來以前中國歷代對於海外貿易的政策怎樣？

三 何謂蕃坊？ 何謂舶牙？ 何謂牙行？

四 何謂洋行？ 洋行和舶牙、牙行性質有無異同？ 洋行的變遷和始末能否略述其梗概？

五 何謂夷館？夷館與洋行的關係如何？

第十章　鴉片戰爭與中西交通之大開

漢唐以來中國同西洋在文化方面貿易方面交通的情形，以上九章約略都有敍述。在明以前西洋的社會、經濟的組織和制度還沒有大變動。明以後，西洋跨入了工業革命的領域之中，各方面都起了變化，生產同武力都大勝於前，不能不以東方為尾閭之洩。明以前的中國尚可以相安無事，除掉了北狄和東夷以外，沒有甚麼足以縈心的地方。明以後可不然了，農村社會的中國遇見了工業社會的西洋，處處以遲鈍保守失敗。鴉片戰爭以後，中國鎖國的局面正式打開，而與西洋的工業文明國家覿面相逢。近百年來中國政治上、思想上、經濟上變動之劇，為以前所未有，這一百年抵當以前的幾千年而不止。中西交通的歷史以鴉片戰爭為一大轉變的關鍵，本書也卽以此終篇。而在未入正題以前，先略述俄及西歐諸國與中國通使交涉的梗概，然後再及英國通使、鴉片戰爭、南京條約諸端，並於後來一百年略作一鳥瞰以爲全書的結束。

俄國同中國的關係來得最早元朝西征，俄羅斯幾成爲蒙古人的牧場，而俄國人隨蒙古軍東來者也自不少。到明朝隆萬之時，俄國人還有到中國的，葡萄牙海盜在中國北方卽曾遇見這些俄國人。此後俄國便湮滅無聞。一直到了清初俄人經營西伯利亞之後，勢力漸到東方。其後大彼得在位，極力找尋出海港口，經營至於西伯利亞，遂與中國衝突而有康熙時同俄國的一戰。近代史上中外戰爭中中國占勝利的大約要數這一戰，而亦祇有這一戰了。尼布楚定約以後，俄國同中國的貿易關係正式確定，從恰克圖到中國貿易。清朝特許俄國人在北京停住，於北京設俄羅斯館，有教士在彼開教。於國子監附設俄羅斯學以便俄國來京子弟讀書，內閣理藩院亦設俄羅斯學以便八旗習俄羅斯字。自康熙以後，俄國的學生、教士、商人到北京來的先後不絕。自此以後，俄對中國始終維持這點關係，同治中英法聯軍之後才歸入其他西洋諸國的集團裏面去。

其他各國如西班牙之通中國，在明神宗萬曆時；葡萄牙之通中國，在明正德時，俱已見第六章。荷蘭人到中國在萬曆天啓的時候，襲擊澳門沒有成功，於是轉取臺灣同淡水，時在一六二四年，卽天啓四年。順治時曾遣使中國，要求通商，未得允許。順治十五年（一六五八年）鄭成功據臺灣，逐荷蘭人。後來清朝平臺灣鄭氏，荷蘭曾發船相助，未至而鄭氏已平。康熙二年（一六六三年）荷蘭曾一度佔有廈門、福州，鄭氏平卽還諸清朝。荷蘭通商仍回到廣東。法國因爲耶穌會士的關係，同中國交通得很早，至於通商則始於雍正六年（一七二八年），廣州之有法國商館始於嘉慶八年（一八〇三年），以英法之戰而罷，直到道光十二年才又恢復。美國之與中國直接通商以乾隆四十九年（一七八四年）爲始，獨立時稍受英國的影響，船舶在中國海上時爲英國所劫，後來的貿易地位只輸英國一着而已。此外如瑞典東印度公司，於雍正九年（一七三一年）才得對華貿易的特許，丹麥船之首到黃埔，爲乾隆十六年（一七五一年）。

英國同中國貿易之日增，看第九章的歷年外商來廣船隻表就可以知道。可是那時廣東的對外貿易全操於公行之手。公行商人於外國商船到廣，可以任意積壓，不卽解貨，各種規費可以任意增加，外商又不能直接同中國官吏折衝。所以如英國東印度公司就想在廣州以外另找一個稅輕的港口通商。康熙四十年左右，東印度公司派人到浙江的舟山和寧波等處試行貿易；浙海關關稅比廣州來得輕，又沒有行商爲之阻隔，因而來浙貿易的一天多似一天。乾隆二十年（一七五五年）東印度公司又派喀喇生（Harrison）和洪任輝（Flint）兩人到定海正式請求在浙納稅。此事爲清朝所禁止，並把浙海關關稅加得比粵海關還重，於是東印度公司的計畫完全失敗。洪任輝想直接到北京請求，也於乾隆二十四年（一七五九年）在廈門被捕，到二十七年才行釋放。東印度公司於此直接向廣東總督提出請求，要求改良五弊：卽予解貨，不加積壓，減輕課稅，官吏同外人可以直接交涉，不必假手行商。這幾項中國一概予以否認，乃有乾隆嘉慶先後兩次派使至北京之事。

那時英國在廣東貿易的船隻大增，加以印度戰事之勝利等等，中國方面很是提防，所以對待英國頗不放鬆。英國以貿易上既不能自由，待遇上又頗失體面，遂決意派使者馬戛爾尼伯爵到北京直接折衝。馬戛爾尼於乾隆五十八年（一七九二年）抵北京，本意想要求自由通商、傳教、居住諸項，不謂一無所得而回。嘉慶二十一年（一八一六年）又派亞墨哈斯(Lord Amherst)到北京，所得結果比馬戛爾尼更壞。道光十四年（一八三四年）英國東印度公司的專賣權取消。在廣東的東印度公司，以前原掌握英國同中國貿易的大權，至是公司廢止，乃循中國之請，設置大班，以專管英國商人。後來中英關係之決裂，這些大班之專橫自恣，即是其中的一個大原因呢。

所謂大班，大約和今日的領事差不多。道光十三年（一八三三年）以拿

馬戛爾尼(Lord Macartney)像

皮耳（律勞卑 Lord Napier）爲大班拿氏到廣州因欲保持英國專員的身分改大班爲貿易監督，與中國齟齬，而釀轟擊虎門之事．其後拿皮耳病死澳門，帶威（J. F. Davis）魯濱孫（Sir G. Best Robinson）相繼爲監督，一反拿皮耳所爲，幸得相安．道光十六年（一八三六年）改監督爲領事，以義律（Cap. Charles Elliot）爲第一任領事．以林則徐的禁煙．遂釀中英戰爭，而有南京條約之訂．

鴉片一物，本產於印度，傳入中國約在唐時，明朝亦復不絕，不過那時用以治病，用來吸食，乃是起於明季．英國據有印度孟加拉一帶，以孟加拉爲出產鴉片名區，於是中英貿易中鴉片遂佔一很重要的位置．起初當作藥材使用，每年不過幾百箱，乾嘉之際吸食者漸多，每歲輸入至幾千箱，道光初每歲輸入近萬，後來銷售更多．今僅舉道光十四年（一八三四年）英國同中國的進出口貿易做一個例：在這一年中國輸到英國的連金銀塊在內，一共值美金二一、〇〇〇、〇〇〇元；英國輸到中國的一共值美金二二、四七六、七九三元．這由英國輸到中國的二千三百餘萬元中計綿毛貨品値二、四一七、〇〇〇元；棉花六、二一〇、〇〇〇元；胡椒一九〇、〇〇〇元；檳榔子一四二、〇〇〇元；鐵六六、〇〇〇元；錫九二、〇〇〇元；鉛九〇、〇〇〇元；珍珠鑽石等二九〇、〇〇〇元；鐘錶六三、〇〇〇元；珊瑚琥珀珠等二四、〇〇〇元；燕窩等二三〇、〇〇〇元；丁香荳蔻一六、〇〇〇元；硝石五四、〇〇〇元；米四一二、〇〇〇元，銀圓二〇、五〇〇元；鴉片一一、六一八、〇〇〇元。鴉片貿易佔英國對華貿易的一半而弱，眞是怪象！在中國方面因爲鴉片以及外國人通商等等，形成了一大漏卮：道光三年至十一年漏出去的銀子至一千七八百萬兩；十一年至十四年共漏銀二千餘萬兩；十四年至十六年共漏銀三千餘萬兩。道光時中國經濟情形已很枯竭，怎能再有幾千萬兩的漏卮？這是在經濟方面所起的莫大的影響，而在又一方面人民的體力上也日形墮落。中國看清了這種弊害，乾隆時卽嚴禁國內商人販賣，犯者流戍。到嘉慶初年重申禁令。起初鴉片都囤積於澳門，後來移到黃埔。運入的分量在乾隆時每年二百箱左右，每箱一百斤上下，嘉慶末到三四千箱。嘉慶嚴禁鴉片，凡洋船到粵先由行商出具並無鴉片甘結，方能開艙驗貨，嘉慶二十一年，曾查出夾帶的二千餘箱焚燬。但是禁令愈嚴，大利所在，趨避也愈工，英國商人乃在零丁洋等地設船屯積，曰鴉片躉，浙、閩、江蘇商船即從此販運；廣東商人則在口內議價，從口外運入。廣東並專有一種包攬走漏的商人，蓄快艇裝礮械，名曰快蟹；在廣州私設商店，曰大窯口，各地曰小窯口。零丁洋這種屯積鴉片的商船最初不過五艘，煙至四五千箱，後來竟至船加到二十五艘，煙囤加到二萬箱。國家雖然禁止，而這些鴉片商人勾通吏役，結納哨兵，甚至與沿海官衙締約納賄。如廣東的巡船每月受規銀三萬六千兩，放私入口，即是一例。不僅受賄放私，並且還由巡船代運！

清朝那時眼看鴉片之毒已及全國，只有更采嚴厲的手段，用保甲連坐之法防人犯禁。其時林則徐為湖廣總督，厲行禁令，設局收繳煙具，數月之間，成效大著.清廷乃以林氏爲欽差大臣到廣東去查辦海口事件.林氏同兩廣總督鄧廷楨合力從事,於道光十九年二月九日發兵圍英國商館.英國領事義律看見形勢如此,只好勸諭英商繳出鴉片全數凡二萬零二百八十三箱,每箱約百二十斤,共計二百三十七萬六千二百五十四斤,值五六百萬元.林氏將所收得的鴉片一概放在虎門,用海水毀去,這樣弄了一個月工夫方始竣事.一方面又議定新例三十九條,嚴申煙禁.

英國方面,義律吃了這樣大的虧,自不肯甘休,同時也認清了中國是一塊肥地,印度而外便是一個最好不過的商場.一定要乘這個機會,用武力把中國壓服下來,使國內的工商業有容納之所.如此既可以增進自國的富源,保持大國的光榮,而對於印度也可以成犄角之勢,足以保持英國海上的威權.所以義律迭次請求本國,派遣兵艦東來備戰.道光十九年七月,義律遂先以印度總督所派兵艦,進攻九龍等處示威.以林則徐諸人在廣東防守頗嚴,並未得利.十九年十一月，清廷宣布停止英國貿易道光二十年英國也正式決定以武力解決，發海陸軍東來；於是中英兩國正式絕交開戰。

關於這一次的鴉片戰爭，在這本小書內不能詳細敍述。大概的經過是道光二十年時，廣東以有林則徐等嚴修備戰，英國海陸軍無計可施，遂引軍沿海北上，轉侵閩浙。福建以有鄧廷楨的戒備，英不得逞，全赴浙江，陷定海，窺錢塘，攻乍浦。義律並率兵船直到天津請款。一時人心大恐，羣咎林鄧諸人多事。結果林鄧革職，琦善代爲兩廣總督，與英人議和，割讓香港，償金六百萬元，兩國平行交涉，廣東再行開放通商。第一次的戰爭就此告一段落。而英國不直義律所訂諸約，撤其職，代以璞鼎查(Sir Henry Porttinger)。璞鼎查未至義律與中國又開了一次戰。清廷則以弈山代琦善，又是一個膿包，因有第二次廣東之敗，只好爲城下之盟。璞鼎查東來，更以大軍北上，威嚇清廷，以圖盡遂所欲。道光二十一年七月，遂攻陷廈門，八月陷定海、鎭海、寧波。道光二十二年四月陷乍浦。於是轉軍北上。為進窺長江之謀。五月一日進逼吳淞，八日陷寶山，十一日陷上海，然後又溯長江而上。六月八日薄瓜州，遂窺鎮江，十三日鎮江陷。二十八日前鋒抵江寧，七月四日全軍到達。中國方面始終靠着伊里布、耆英這些東西，到處望風而靡，雖有楊芳、關天培、陳化成等善戰的名將，終因無人應援，到處掣肘，遂一敗不可收拾。至是英兵既到南京郊外，只有議和的一條辦法。乃於道光二十二年七月二十四日（一八四二年八月二十九日），締結中英修和條約，即俗所謂南京條約者是也。

南京條約許開廣州、福州、廈門、寧波、上海五處為通商口岸，自由貿易無礙。割讓香港給英國；償鴉片煙價公行欠債及兵費共二千一百萬元。壟斷中國對外貿易的公行制度，也因這一約而取消了。中英南京條約締定以後，美國、法國相繼要求訂約，於是有道光二十四年的中美條約和中法條約的成立。為害近代中國最烈的租界制度，領事裁判權，都因有這幾種條約而產生了。西洋人自

南京條約簽字圖

此得自由往來經商於中國內地，往昔鎖國的局面至是完全打破，所謂帝國主義在政治上同經濟上的侵略中國都於此戰開其端．所以鴉片戰爭乃是上結二千年中西交通蒙昧的局面，下開近百年來中國史上急劇變幻的關頭；眞是歷史上一個數一數二劃分時代的戰爭．自此以後，中國國步日益顚危，外力侵役的，有咸豐十年（一八六〇年）的英法聯軍之役，光緒十年（一八八五年）的中法之戰，光緒二十年（一八九四年甲午）的中日之戰，光緒二十六年的八國聯軍之役；無戰不敗，中國的衰朽，完全暴露無餘。農業社會的中國完全抵敵不住西洋工業的國家。中國在政治方面完全失敗，同時經濟制度也因西洋的工業制度傳入而漸起變革，社會組織因經濟制度的變革而亦起動搖。此外在思想方面則自同治中興以後，即有一種維新運動醞釀於中國的士大夫間，一直到現在，思想革命還在奮鬥之中。維新運動之所以不能成功，自然原因很多，大概說來乃是由於中國的士大夫根本就沒有認淸西洋的文明。咸同以後，只以爲西洋所有的無非堅甲利兵，此外一無足稱，說不上政教文物。如郭嵩燾之流能够知道西洋諸國於堅甲利兵而外，自有其立國精神的禮教與政術的，反大爲當時士大夫所不滿。所以李鴻章的維新失敗了。而康有爲諸人所釀成的戊戌變法，因那時主張變法諸人，對於西洋的文明，未能有徹底的認識，只是些依附影響之談，到頭也歸失敗。孫中山先生於中法之役，發願革命，他對於西洋文明的認識比其他諸人都來得透徹，四十年的努力，至今中國還是在與帝國主義和國內惡勢力的奮鬥中，中西交通以後的中國，還要待今日青年的奮勉。近百年來的一切，在中國史又另開了一個新局，須別有專著陳述，方可得其大略，本書限於篇幅，只能就此作一結束了。

參考書

關於鴉片戰爭這一役的經過，清朝全史、清代通史、以及劉彥的帝國主義侵略中國史，都有專篇，敍斷明確，可以參看。其他的中籍太多，求其簡明易得的有夏燮的中西紀事（本子很多）和李圭的鴉片事略（有國立北平圖書館的重印本）兩書，所采集的都是原料。而最近北平故宮博物院影印的道光朝夷務始末，尤其是研究鴉片戰爭的史料的淵海。若求其通俗而又專爲一書的，則有武堉幹的鴉片戰爭一書。

英文方面的參考書很多。最重要的是 H. B. Morse: The International Relations of the

Chinese Empire. 3vols. 和同人的 Chronicles of the East India Company 4vols. 兩書，不過這兩部書都太多了，簡單的還是數 H. F. Mac Nair: Modern Chinese History, Selected readings（中國近代歷史文選）一書，J. Oranges Chater Collection（中國通商圖）雖所收輯的只以圖畫為主體，而圖前有簡單的敍述，也很扼要，可以參考。

關於馬戛爾尼出使中國一事，有劉復譯乾隆英使覲見記（中華出版）一書，就是摘取馬戛爾尼自己的日記而成，所述很有趣味，可以一看。

問題

一 中俄的關係始於何時？ 其他西洋各國和中國的關係發生的經過怎樣？

二 英人既在廣州設有商館後，何以仍舊屢次要求自由通商？ 這和洋行制度有何關係？

三 中英通商中鴉片貿易何以獨占重要地位？ 中英鴉片貿易對於中國國計民生上的影響怎樣？中國的對策怎樣？

四 鴉片戰爭是怎樣起來的？ 結果怎樣？ 鴉片戰爭對於近代中國有甚麼大關係？

附中西交通大事年表摘要

朝代年號	西曆	大事摘要
周安王 二	四〇〇 B.C.	希臘人 Ctesias 始述及 Seres 地方據云此即指中國而言以其爲產絲之國故名以 Seres 蓋有產絲地之義也其後羅馬人書中常及此
周顯王 三五	三三四	馬其頓亞歷山大大王東征
四一	三二八	大王征服大夏
四三	三二六	大王渡印度河略北印度一帶
四四	三二五	大王班師
四六	三二三	大王死於巴比倫
漢武帝 建元 三	一三八	張騫使月氏爲匈奴所獲留十餘歲娶妻生子俟便亡向月氏至大宛由此經康居以至大月氏復從月氏至大夏
元朔 三	一二六	張騫在大夏留歲餘返國復爲匈奴所獲留歲餘至是年單于死乃逃歸漢其在西域身所至者大宛大月氏大夏康居傳聞五六大國中有黎軒即羅馬東徼中國之知羅馬自此始也

	元鼎	二	一一五 B.C.	漢發使至西域諸國至安息漢使還發使隨漢使來觀漢廣大以大鳥卵黎軒眩人獻於漢羅馬人最先至中國當推此輩
漢明帝	永平	一七	七四	西域復通恢復西域都護及戊己校尉
漢章帝	建初	一	七六	班超留屯疏勒
漢章帝 漢和帝	建初 永元	四 一	八〇—九一 A.D.	羅馬 Periplus of the Erythrean Sea 書中道及 Thin 之名大約卽秦字之音譯蓋指中國而言
漢和帝	永元	一	八九	都護班超遣甘英使大秦抵條支臨大海欲度爲安息人所阻而罷
安帝	永寧	一	一二〇	撣國王雍由調遣使獻樂及海西國大秦幻人能變化吐火自支解易牛馬頭又善跳丸數乃至千
桓帝	延熹	五	一六二	羅馬皇帝 Marcus Aurelius Antoninus 遣將 Avidius Cassius 攻安息至一六五年而安息平
		九	一六六	大秦王安敦遣使自日南徼外獻象牙犀角瑇瑁安敦據考卽羅馬皇帝 Marcus Aurelius Antoninus
吳大帝	黃武	五	二二六	大秦賈人秦倫來到交趾交趾太守吳邈遣送詣權權問方土謠俗後差劉咸送倫咸於道物故倫乃徑還本國
晉武帝	太康	五—六	二八四 二八五	大秦王遣使貢獻據云卽羅馬皇帝 Carus 之所遣也
唐太宗	貞觀	九	六三五	大秦景教僧侶阿羅本偕同志至中國長安開教

		一七	六四三	拂菻王波多力遣使獻赤玻璃綠金精等物太宗降璽書答慰賜以綾綺拂菻國卽蘇史之大秦也
高宗	乾封	二	六六七	拂菻遣使獻底也伽
武后	大足	一	七〇一	拂菻遣使來朝
睿宗	景雲	二	七一一	十二月拂菻國遣使獻方物
玄宗	開元	七	七一九	拂菻王遣吐火羅大首領獻獅子羚羊各二不數月又遣大德僧(景教僧侶?)來朝
	天寶	一	七四二	拂菻國遣大德僧(景教僧侶?)來朝
		一〇	七五一	高仙芝擊大食兵敗杜環被俘至大食親聞大食人謂大秦在苫國西苫國卽敍利亞之古名也
德宗	建中	二	七八一	大秦景教僧景淨立大秦景教流行中國碑
				伊賓瓦哈布至長安謁皇帝得見耶穌騎驢及反耶路撒冷畫像
唐僖宗	乾符	五	八七五	黃巢陷廣府回教徒猶太基督教徒火祆教徒爲所殺者至十二萬人以上阿拉伯人阿布賽德的書中曾紀此事
宋神宗	元豐	四	一〇八一	拂菻王滅力伊靈改撒始遣大首領你厮都令厮孟判來獻鞍馬刀劍眞珠

元太祖	一四	一二一九	成吉斯汗西征貨勒自彌諸國
	一七	一二二二	拖雷一軍達丹尼普爾迫基發
	一八	一二二三	拖雷踰喀桑經吉利吉斯反國南俄羅斯俱爲蒙古人所有
元太宗	九	一二三七	拔都西征俄羅斯諸王侯胥爲所滅
	一三	一二四一	利哥尼茲之　向維也納以窩闊臺死班師
	一七	一二四五	教皇意諾增爵第四召集里昂會議決派方濟會修士柏朗嘉賓赴東方修好開教柏朗嘉賓以是年四月自里昂啟行
定宗	一	一二四六	七月二十二日柏朗嘉賓至和林同年十一月十三日自和林反國
	二	一二四七	柏朗嘉賓抵國
	四	一二四八	法蘭西王路易第九遣聖多明我會修士隆如美去和林計畫開教事宜隆如美智和林以定宗新喪母后攝政無結果而反
憲宗	二	一二五二	法王路易復遣方濟各會修士羅伯魯赴和林於是年八月自拔都駐節處起程同年十一月抵和林
	三	一二五三	羅伯魯使命無結果而反 旭烈兀西征是爲蒙古之第三次西征

	四	一二五四	小阿美尼亞王海屯至和林
	六	一二五六	旭烈兀平波斯
	八	一二五八	旭烈兀陷報達方欲進兵埃及以憲宗之卒而止
	九	一二五九	蒙哥大汗遣常德至波斯見旭烈兀
世祖中統	一	一二六〇	意大利威尼斯人尼哥羅孛羅與弟馬飛孛羅經商於君士坦丁堡
	四	一二六三	尼哥羅孛羅兄弟隨旭烈兀使臣偕赴汗八里謁見忽必烈
至元	六	一二六九	尼哥羅孛羅兄弟歸國忽必烈大汗托其致書教皇請派遣長於美術科學之學者百人東來輔助大汗任職中國以教皇更迭無結果
	八	一二七一	尼哥羅孛羅偕其十七歲之幼子馬哥與弟馬飛孛羅同反中國爲二次之東行
	一一	一二七四	教皇派方濟會修士五人至波斯由波斯伊耳汗主哈巴迦爲之轉送以赴中國開教數年後此輩自中國上書教皇報告開教並求派主教一員東來主持教務
	一二	一二七五	孛羅諸人至上都謁忽必烈大汗馬哥少年英俊甚爲大汗所喜留充侍衛自是備顧問者歷十七年屢使異國及中國如四川雲南揚州和林廣州諸處並爲揚州宣慰使者三年

		二二 一二八五	伊耳汗阿魯渾第一次遣使歐洲
		二四 一二八七	阿魯渾第二次遣報達景教主教雅巴拉哈及副主教巴瑣馬使於羅馬二人生於中國之汗八里至羅馬拿布勒斯及巴黎等處
		二六 一二八九	阿魯渾第三次遣使歐洲
		二七 一二九〇	教皇遣孟高未諾報聘阿魯渾
		二八 一二九一	孟高未諾奉使東方
		二九 一二九二	孟高未諾大約以是年抵北京　馬哥孛羅等三人是年忽動故國之思忽必烈因命偕送科克清公主往嫁伊耳汗阿魯渾由泉州放洋
成宗	元貞	一 一二九五	孛羅諸人自波斯經阿美尼亞特勒比遵德以反威尼斯故鄉
	大德	三 一二九九	孟高未諾建教堂於北京自此年起至一三〇五年信教者有六千人受洗者至三萬人
		九 一三〇五	西洋商人名彼得者捐地一方於是孟高未諾別建一新教堂距宮廷不遠離舊堂約兩哩而遙
		一一 一三〇七	孟高未諾晉職爲北京總主教

武宗	至大	一	一三〇八	教皇簡方濟會修士七人至中國助孟高未諾傳教得達者有日辣爾伯肋格林及安德肋三人日辣爾及伯肋格林後相繼爲漳泉主教
仁宗	延祐	一	一三一四	阿多理至中國
泰定帝	致和	一	一三二八	孟高未諾卒於北京至中國傳教先後凡三十六年
文宗	至順	一	一三三〇	阿多理反國經山西陝西四川西藏諸地以至意大利
順宗	至元	六	一三四〇	意大利人裴哥羅梯著旅行指南言及中國
	至正	二	一三四二	阿拉伯人伊本拔都他受印度命出使中國由泉州登陸赴杭州經運河北上以至汗八里復由泉州起行西歸　小弟會教士馬黎諾里至北京
		六	一三四六	馬黎諾里至泉州由此歸國
明太祖	洪武	三	一三七〇	八月命御史張敬之福建行省都事沈秩往使闍婆浡泥諸國是爲明通海南諸國之始
		二九	一三九六	命給事中傅安等齎璽書幣帛報聘撒馬兒干撒馬兒干於先年入貢至是報聘明通中亞細亞始於此也
明太祖	永樂	三	一四〇五	三保太監鄭和第一次下西洋鄭和下西洋前後七次

		五	一四〇七	傅安自西域還
		一一	一四一三	陳誠李暹等使西域
		一三	一四一五	葡萄牙王子亨利征非洲略地而歸始興迴航非洲以達東印度之心
世宗	宣德	七	一四三二	鄭和第七次下西洋明之經營南洋亦止於是年鄭和七次遠至非洲東北今意屬索馬利蘭地方
景宗	景泰	四	一四五三	突厥人興起陷君士坦丁堡東羅馬帝國滅亡東西交通因而中斷
憲宗	成化	二〇	一四八四	葡萄牙船南航至距赤道千五百里處
		二三	一四八七	葡萄牙人地亞士發見好望角
孝宗	弘治	五	一四九二	哥倫布發見美洲
		一〇	一四九七	葡萄牙人華士噶德伽馬發見印度航路
武宗	正德	一一	一五一六	葡萄牙人 Ratael Perestrello 始至中國
		一三	一五一九	西班牙人麥哲倫迴航世界開始

		一三	一五一七	葡萄牙印度總督遣使臣比勒斯至廣東求與明廷締約通商明史所謂佛朗機使臣加必丹末即比勒斯也
		一六	一五二一	以葡萄牙人 Simon Andrade 在廣東有暴行遂下令放逐葡萄牙人於境外此禁未幾即弛並未能實行也
世宗	嘉靖	一四	一五三五	都指揮黃慶得葡人巨賄爲請於上官以澳門爲葡萄牙人通商之地
		二一	一五四二	葡萄牙海盜秉托至中國遊寧波南京北京各處
		二四	一五四五	寧波人屠基督教徒萬有二千焚葡萄牙船三十七艘
		二八	一五四九	泉州亦逐葡萄牙人
		二九	一五五〇	聖方濟各沙勿略傳教中國止於廣東之上川島求入中國未能
		三〇	一五五一	方濟各死於上川島
		四四	一五六五	西班牙人據菲律賓
神宗	萬曆	三	一五七五	西班牙人始通中國
		七	一五七九	羅明堅入廣州

		九	一五八一	利瑪竇入中國始至廣東肇慶繼傳教於韶州一帶
		二三	一五九五	荷蘭人設東印度公司
		二六	一五九八	利瑪竇至南京
		二八	一六〇〇	利瑪竇偕龐迪我等八人賫貢物詣燕京進獻　英國東印度公司於是年正式成立
		三一	一六〇三	是年秋徐光啓至南京從羅如望受洗皈依天主教
		三四	一六〇六	是年春利瑪竇與徐光啓共譯幾何原本六卷成刊於北京
		三八	一六一〇	利瑪竇卒於北京　改曆議起五官正周子愚薦熊三拔龐迪我等奏入留中不報　李之藻於是年皈依天主教從利瑪竇受洗
		四一	一六一三	李之藻至北京倡言用西洋曆以庶務因循未暇開局
		四四	一六一六	南京禮部侍郎沈㴶上疏詆毁西士以爲天主教之說浸淫人心云云同年徐光啓上流爲西士力辯中西思想之衝突以此役爲始
熹宗	天啓	二	一六二二	始命羅如望陽瑪諾龍華民等製造西洋銃礮
毅宗	崇禎	二	一六二九	開西洋歷局以李之藻鄧玉函龍華民湯若望羅雅各等主其事

		三	一六三〇	李之藻卒
		四	一六三二	徐光啓始進西洋新法曆書
		六	一六三三	徐光啓卒
		一二	一六三九	畢方濟上書獻恢復封疆裨益國家四大策
清世祖	順治	一	一六四四	湯若望入清爲欽天監
		七	一六五〇	永曆皇太后及太監龐天壽作書致羅馬敎皇爲明社求福派卜彌格爲使臣赴羅馬
聖祖	康熙	三	一六六四	楊光先上書告西敎士陰謀不軌以及職官入敎附逆於是湯若望利類思安文思南懷仁諸西士俱拿問待罪明清之際中西思想之衝突以此次爲最烈
		四	一六六五	以楊光先爲欽天監吳明烜副之二人皆回回曆世家也
		五	一六六六	湯若望卒
		八	一六六九	復驗中西曆法楊光先吳明烜俱罷斥仍以南懷仁等掌欽天監中西之激爭告一段落

		二二	一六八二	柏應理回歐洲謁羅馬教皇以教士所譯華文書四百冊呈獻教皇
		二五	一六八六	中國與俄國開戰俄國敗
		二七	一六八八	南懷仁卒
		二八	一六八九	尼布楚條約成中國近代第一次之國際條約也
		四三	一七〇四	羅馬教皇格肋門第十一發布禁止中國教士祀孔敬天祭祖勅諭並遣鐸羅爲專使東來
		四七	一七〇八	康熙皇輿全覽圖測繪於是年開始派費隱白晉雷孝思杜德美諸人測量蒙古等處後來中國所有各種輿圖俱以此次測繪爲根據
		五五	一七一五	皇輿全覽圖於是年告成　教皇格肋門第十一頒布 Ex illa die 教諭重申一七〇四年所頒禁令並遣嘉樂出使中國
		五六	一七一六	碣石鎮總兵陳昴奏請禁天主教因命各省教士一律領票遵利瑪竇教乾嘉以後禁制愈嚴皆以此次爲其端緒也
世宗	雍正	一	一七二三	意大利傳教士馬國賢自中國回國於那不勒斯設立中國學院
高宗	乾隆	七	一七四二	教皇本篤第十四頒布 Ex quo Singulari 教諭中國天主教士關於禮俗之爭始息
		一六	一七五一	丹麥商船始到黃埔

		二〇	一七五五	英國東印度公司以廣東稅重特派喀喇生洪任輝至寧波一帶通商爲地方官所遏未能成
		二二	一七五七	指定以廣東爲各國通商之所
		二四	一七五九	英商洪任輝於廈門被捕至二十七年始釋
		四七	一七八二	廣東十三洋行正式成立以前名爲行商數亦未定至是規定爲十三家經管對外貿易
		四九	一七八四	美國與中國正式通商
		五八	一七九三	英國正式派馬戛爾尼通使中國要求通商傳教諸端清廷不之許
仁宗	嘉慶	二一	一八一六	英國第二次派亞墨哈斯通使中國要求通商再度失敗
宣宗	道光	一一	一八三一	五月發布禁止鴉片輸入上諭次年重申禁諭
		一三	一八三三	英國取消東印度公司對華貿易專賣權另設大班掌中英間貿易第一任大班爲拿皮耳大班後改爲領事
		一四	一八三四	英國商船於零丁洋私設躉船密賣鴉片
		一八	一八三八	以林則徐爲欽差大臣赴廣東查辦煙禁事

一九	一八三九	林則徐爲兩廣總督焚英商鴉片二萬二百八十三箱英人因進犯廣東不利
二〇	一八四〇	英人犯廣東不利北上犯閩浙陷舟山進攻寧波清廷以伊里布琦善爲欽差大臣與英議和罷免林則徐鄧廷楨
二一	一八四一	琦善等與英人締約割棄香港清廷不之許免伊里布琦善職英人復陷定海
二二	一八四二	英軍陷乍浦進陷吳淞上海沿江而上鎭江相繼陷兵薄江寧遂議和締南京條約開五口通商中國門戶大開
二四	一八四四	中英條約中法條約相繼締成自是中外交通無復障阻

中文名詞索引

（以筆畫多少爲次序）

V

W

Y

Z

Q

R

S

T

M

N

O

P

H

I

J

K

L

D

E

F

G

西文名詞索引

A

B

C

中華史地叢書

中西交通史

作　　者／本局編輯部　編纂
主　　編／劉郁君
美術編輯／中華書局編輯部

出 版 者／中華書局
發 行 人／張敏君
行銷經理／王新君
地　　址／11494 臺北市內湖區舊宗路二段181巷8號5樓
客服專線／02-8797-8396　　傳　　真／02-8797-8909
網　　址／www.chunghwabook.com.tw
匯款帳號／華南商業銀行　西湖分行
179-10-002693-1　中華書局股份有限公司

法律顧問／安侯法律事務所
印刷公司／維中科技有限公司　海瑞印刷品有限公司
出版日期／2015年3月臺四版
版本備註／據1985年11月臺三版復刻重製
定　　價／NTD 312

國家圖書館出版品預行編目（CIP）資料

中西交通史 / 中華書局編輯部編纂. — 臺四版.
— 臺北市 : 中華書局, 2015.03
面 ; 公分. — (中華史地叢書)
ISBN 978-957-43-2367-8(平裝)

1.東西方關係 2.文化史

630.9　　104005849

NO.G0004
ISBN 978-957-43-2367-8（平裝）